庐州文化丛书

汤增旭 ◎ 著

庐巢文史采薇

安徽师范大学出版社
ANHUI NORMAL UNIVERSITY PRESS

·芜湖·

图书在版编目(CIP)数据

庐巢文史采薇 / 汤增旭著 .— 芜湖 : 安徽师范大学出版社,2024.1
ISBN 978-7-5676-6207-0

Ⅰ.①庐⋯ Ⅱ.①汤⋯ Ⅲ.①文史－研究－巢湖－文集 Ⅳ.①K295.43-53

中国国家版本馆CIP数据核字(2023)第221309号

庐巢文史采薇

汤增旭◎著

LUCHAO WENSHI CAIWEI

责任编辑:李克非　　　　责任校对:祝凤霞　吴俊瑶
装帧设计:王晴晴　汤彬彬　责任印制:桑国磊
出版发行:安徽师范大学出版社
　　　　　芜湖市北京中路2号安徽师范大学赭山校区
网　　址:http://www.ahnupress.com/
发 行 部:0553-3883578　5910327　5910310(传真)
印　　刷:苏州市古得堡数码印刷有限公司
版　　次:2024年1月第1版
印　　次:2024年1月第1次印刷
规　　格:700 mm × 1000 mm　1/16
印　　张:17.75
字　　数:247千字
书　　号:ISBN 978-7-5676-6207-0
定　　价:58.00元

凡发现图书有质量问题,请与我社联系(联系电话:0553-5910315)

情怀是一种动力

刘政屏

我想了又想，作为生意人和作为文化人的汤增旭是不是一个矛盾体？应该是的。做生意的目标是财富，痴迷文化的未来是什么呢？是聊天时多一点谈资，还是交往一些有共同兴趣爱好的文化人，还是像现在这样出一本书？好像都没有说到点子上，那么就是情怀了，一种很执着的情怀，让他在飞亚达公司销售名表的工作之余，痴迷于文化，更准确一点说，是痴迷于文史。

是的，汤增旭是一个文史达人，虽然属于业余，或者说是一个文史"素人"，但他一直喜欢，从很早的时候，甚至可以说是从小时候开始，他就喜欢读书，尤其喜欢读文史方面的书。随着年龄增长，他这个爱好越来越强烈，以至于最终成为生活的常态。

汤增旭读书很多，知识积累深厚，因而只要是他关注的人和事，他都能如数家珍、滔滔不绝，合肥、芜湖、阜阳，可谓走到哪就能说到哪，有史料、有感受，有一种积极向上的激情。

3年疫情，对于生意人汤增旭是一个考验，甚至可以说是一种煎熬，但对于读书人汤增旭来说却又是一番境地——回归乡村，自在放松，清茶一杯，书卷在手，煞是惬意。尤为难能可贵的是，他还迈出家门，游走于家乡既熟悉又陌生的山乡村落，寻访、回忆、记录，其性质类似田野调查。《大汤村那所小学》《"秀才老屋"忆往昔》《播罗王村话沧桑》等10多篇文章因此显得很接地气也很有价值。

当我们遭遇挫折乃至磨难的时候，如何面对，是一种考验。消沉、回避、无奈是一种状态，平静、直面、从容又是一种状态，当我们一起走出来时，是疲惫不堪、两手空空，还是神闲气定、成竹在胸，一目了然。我们不知道3年间汤增旭在财富上失去了多少，但我们看见了《庐巢文史采薇》这么一本书。

在朋友的眼里，汤增旭手头很阔，殊不知他买起书来也是极舍得花钱，尤其是在古籍和文史资料方面，下手果断，时常是毫不犹豫地一掷千金。汤增旭不但成批量地买书，还会大量地看书，这点很让我佩服。不过对于他极喜欢拿笔在任何一本书上肆意地画着长长短短线条，我是颇有微词的，但他说这样做会有利于记忆，而且他也的确是能够记住很多东西，别人又能说什么呢。

纵马驰骋、无所顾忌是他读书的状态，信马由缰、直抒胸臆是他说话时的特点，那么作为一个职场人，谈判交易时的汤增旭又会是一个怎样的状态，我很是好奇。

还有一点我也有些疑惑，忙碌一周之后，时常会在双休日抽出近半天的时间去旧书市场搜书买书，去外地巡店时都还惦记着要去逛逛书店，看看文史遗存、名人旧居，会不会影响汤增旭的工作和休息？后来我想明白了，当一个人做着自己喜爱的事情时，他是轻松愉快的，是一种享受，也是一种休息，于紧张繁杂的工作而言，它是一种调剂和放松，自然而然。

书读多了，就想说给别人听，遇到同好者，更是兴奋，连珠炮似的说个不停。需要交流也需要分享，可以理解，甚至还会觉得有些可爱，即便是在一些不适宜的环境和场合有些失控地言语、抢话，我也是这样的感觉。因为那一刻的他和他们，单纯，率真，忘记了所有的世故和所谓的规则。每当这时，我除了有一点点的尴尬之外，更多的是微笑以对，甚为开心。

虽然说人生不能假设，但我还是忍不住在想，如果汤增旭不做生意，他应该会有更多的时间从事他所喜爱的文史事业，通过一些专业的研究和训练，取得一系列有很高的学术价值，以及很好的文字表述的学术成果，最终成为一位名噪一时的学术名家。当然我的设想很有些迂腐，就如同我曾经想象过如果汤增旭不痴迷读书和文史研究，他是不是会将生意做得更好，挣得更多的钱一样。

工作与志趣并行，是未来的一个趋势，但作为民间的文史达人，及早为自己设立一个目标，尽可能地投入并集中精力，假以时日，必将会有所成就。这样的成就积少成多，也是不可小觑的。如果有一天感觉自己应该全力以赴做一些探寻和研究，那或许就是大规模收获的时候到了，其他一切都会置之脑后。

我想汤增旭会有这么一天的，因为他有这个基础，也有一定的禀赋，最为关键的，是他有热情和激情。在这热情和激情的后面，是他明确而坚定的情怀，而情怀就是一种动力。

为此，我期待着。

2023 年 5 月

（刘政屏，系中国作家协会会员，安徽省档案学会档案文化研究委员会主任，安徽省散文随笔学会副会长，合肥市作家协会副主席）

"表哥"是一位文史达人

——写在仁兄汤增旭《庐巢文史采薇》出版之际

昂　云

仁兄汤增旭的文章汇编成册了，听之很高兴，热烈祝贺！

增旭仁兄，我称之为"表哥"，那是因为他一年到头跟名表打交道。"表哥"这个词，或多或少是我对他工作的致敬。

起初，我们在网络上有过交流，萍水相逢。面对面接触，是在2016年8月7日。那日是个星期天，他和夏初等朋友相约走访无为老城，我随行其中。

在无为，我们绕护城河转了两圈，看了古华林桥、城墙遗址以及植物园，又去老街区，于横直筛子巷、佘家巷、窦阴巷、官沟沿、礼拜寺巷穿行，几个指指点点的陌生面孔，引得老年人纷纷上前询问是不是拆迁队的人，这给我留下了很深的印象。因为盘桓时间较长，其间随着小城时空的不断变化，移步换景，各人面对不同的环境、不同的事物产生不同的反应，比如夏初注重遗址走向、街区格局，"表哥"不断感慨无为的过往今生，而我则在城墙废墟里漫无目的鼓捣。当我掏出来一枚残损的铜壳子，无所用心地用狗尾巴草穿着在手里悠荡，"表哥"见了，似乎有一种不甘心的情愫，念兹在兹的，于是，在华林桥那儿我把铜壳子给"表哥"做了个念想。他回到合肥郑重其事地将它清洗了，还发了照片给我，前前后后足见他对古旧物件的兴趣和爱好。通过"表哥"的言谈行止，以及夏初老师的断续介绍，我知道"表哥"是个有文化的商人，而"表哥"这个称呼，显然不足以概括他的内涵……

接下来的日子里，因为编辑《最忆是巢州》，和"表哥"多有联系。这才发现，他不仅对外面的"古玩"感兴趣，淘书也是他的乐趣与爱好，机关文件、个人日记、史书方志等档案文献和古籍，都在他的猎取范围。逛书市、逗留旧书摊，占据了他许多休息日，淘得旧书回来，整理之外还细心撰写淘书笔记，记录淘书心得，我因之发过他的一系列关于周谷堆、花冲公园的文章，从中受益良多。如2018年，"表哥"淘得一份1959年的《巢县日报》，写下来《一份59年前的〈巢县日报〉》，从旧报中他读出来一阵"唏嘘"；同一年，"表哥"淘来一份《巢县工作报告》，是白冠西先生主笔的，主要内容是卧牛山大寺塔的拆除总结，誊录报告的时候，"表哥"感受到了蕴含其内的遗憾、愤懑和无奈；2021年，"表哥"看到许庆波先生的日记，认真进行了摘录，从日记中他看到了"大时代的波澜壮阔和时代变迁"；如此等等，不一而足。其中白冠西先生的《巢县工作报告》，既让我全面了解了巢县拴牛桩的来龙去脉，又让我深刻认识到，我们对家乡的古建筑、古遗址，都应当高看一眼、厚爱三分，都应当虔诚对待、谨慎取舍，不能只顾眼前忽视长远，从而愧对前人贻笑后人。分享《60多年前拆除"巢县大寺塔"的工作报告》时，我在想，"表哥"这哪里是简单的爱好，他分明是在做文史工作啊！某次，听说为了相关学问，他与夏初老师西去楚地湖北，东到吴越苏南，环巢湖地区几乎跑遍了。这，更坚定了我对他"在做文史工作"的判断。

果不其然，后来《京师安徽会馆里的一则楹联》《清代笔记中的合肥逍遥津》《去芜湖，记尺木》《略论苏轼在黄州的文学创作》《逍遥津公园曾经的主人》等一篇又一篇文章的接连推出，为增旭仁兄赢来了持续的喝彩与掌声，于是，我们的"表哥"，被师友们亲切地、赞许地称为"文史达人"。

这位文史达人，并不局限于看远处的风景，老家东黄山的风土人情，"表哥"同样热心关注，这是他的爱好比较接地气的一面——向高处行而不断其根基。例如他写了许多老家东黄山的游记，像大汤村、包家坊、界墩集、播罗王、小汤村、八字口、山里许、苏湾茶场、黄山中学等，均被诉诸笔端，借以抒发桑梓情怀。至于巢县其他地方，到黄麓，则倾诉对和平将军的仰慕，到清涧，则慨叹秀才老屋的底蕴；关于柘皋，他整理了杨欲仁等乡贤的部分资料；家族方面，他苦心搜罗《古巢汤氏宗谱》等史料，冀望推动续谱工作，并对巢北汤氏几位历史文化名人的诗作进行了梳理；巢城这里，他又调阅了清末巢县刘原道的《居巢诗征》，意图为乡土文章积累材料……

正所谓"博观约取、厚积薄发"，随着时间的推移，"表哥"的文集就这么慢慢地从无到有了。这让他无愧于师友们尊称的"文史达人"。增旭仁兄，是一位文化人，我是不是得给他重新标注为"文化表哥"，或者，像其他老师们一样敬以"文史达人"？想想算了，还是一如既往以"表哥"称呼之——"表哥"流露真性情，"表哥"未必没文化嘛。

写到此处，我在想，增旭仁兄以及与增旭仁兄相类似的孜孜以求的文化达人们，俨然是一颗一颗的文化因子，他们像尘土，很渺小很微弱，但是无数个微小的他们合起来，就是一方文化土壤。充盈乡土气息的地域文化，正是在这样的土壤里扎根、生长，进而往后传承的呀。这里，且向文化达人们表达由衷的钦佩之意，并再次祝贺增旭仁兄，祝贺"表哥"，希望"表哥"的作品越来越多，也希望更多文化达人的文集陆续面世。

2022 年 11 月

（昂云，系微信公众号"最忆是巢州"主编）

目　录

第二部分 书香馥郁

附录　青葱岁月

第一部分　庐巢记忆

清代笔记中的合肥逍遥津

岁月悠悠，转瞬间人到中年，每天诸事缠身，偶尔得闲，翻翻故纸、淘淘旧书，也算是蛮好的自我消遣。今年5月初，在"十方古籍旧书交流群"里，见"豫雅书局"出售和安徽有关的线装书，于是联系对方，几经讨价还价，顺利购得《蕉轩续录》上下两册。这部书光绪十八年（1892）出版，算是较为罕见的安徽乡邦文献。

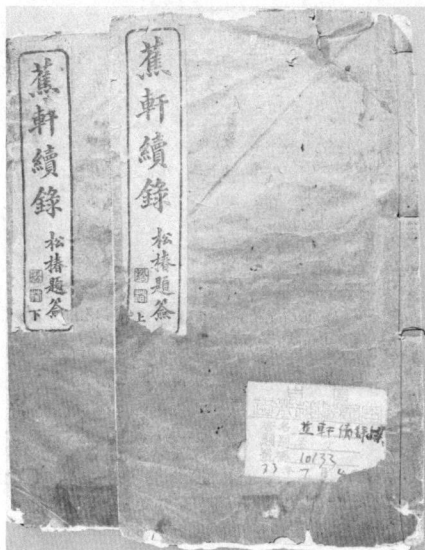

（《蕉轩续录》书影）

《蕉轩续录》的作者方浚师，字子严，其先祖清初从徽州休宁三十三都郫源村迁徙到定远县炉桥镇定居，于咸丰五年（1855）顺天乡试中式，后以举人身份出任内阁中书，又陆续担任总理各国事务衙门章京、署理直隶按察使。

方浚师长期在朝廷任职，能接触到许多重要的档案材料，加上他又性喜读书、藏书，凡见闻所得，都逐一记录在箧，遂编纂了以谈掌故、录时事的史料笔记——《蕉轩随录》和《蕉轩续录》。确定购得《蕉轩续录》后，我又在网上购得中华书局版的《蕉轩随录·续录》。

陆续收到书之后还是蛮开心的，但在阅读过程中，颇有些不太适应，主要是断句、掌故和人名方面存在不小的难度。当我读到卷二的《逍遥津》一文时，不由得眼前一亮。文章开头的部分如下：

> 在合肥城东，《三国吴志》孙权为魏张辽所袭，乘马越渡处，今归王育泉丈（世溥）作别墅焉。

这一小节的文字，简单介绍了逍遥津所在的城东位置，指出东汉末年，曾经在合肥爆发的激烈战争——也就是张辽威震逍遥津的历史故事。

白云苍狗之间，又过了千百年的时光，当年三国鏖战的硝烟早已散尽，这一处湖光潋滟的园子，在清代中期的时候，由窦家（代表人物窦子偁，明代万历进士）转让给王家所有，逍遥津里至今还存有"窦家池"的旧名称。王育泉家族在拥有这片佳山秀水之后，遂在此挖沟开渠、培植花木，大兴土木，修建园林别墅。

那么，这位王育泉先生，又是何许人也呢？

根据寿州人方希孟所撰的《王五峰先生传》所载，王氏家族系出晋代琅邪王氏，元季时隐于巢湖，明初始入籍合肥。

明清两代，合肥王家虽不比龚、李、张、段等家族声名显赫，也是人才辈出，其中的王育泉在咸丰辛亥年（1851），被官方推举为"孝廉方正"。后由于太平天国运动波及合肥一带，王育泉遂举兵创办团练，武装对抗太平军和捻军，颇有战功，被清廷擢升为知州。

这位浴血沙场的王知州，可不是赳赳武夫，原本是一位饱读诗书的文人。当逍遥津别墅修建完毕之后，他曾绘制逍遥津山水园林图，向当时的学者士人们征集诗文。

在《逍遥津》一文中，记载了这段风雅往事：

> （王育泉）曾绘《逍遥津图》征诗，余兄子箴撰联云："地临飞骑桥边，问当年一船筝笛，万队旌旗，弹指话沧桑，只安排水国逍遥，已是鲲池庄叟境；春到听莺时节，看此日对月题诗，迎风把酒，散怀忘泛梗，且领略画图结构，俨然鹿柴右丞居。"

通过阅读上述文字，我们了解到方浚师的堂兄方浚颐（子箴），应邀为《逍遥津图》撰写了楹联。

楹联挺长，上下联各36字，其中上联提及的飞骑桥和筝笛浦，是两处和三国有关的著名历史遗迹。相传在合肥逍遥津之战中，魏将张辽大败吴军，孙权又闻曹操援兵将至，只得悻悻然撤兵南归，当行至逍遥津北，又被张辽追袭。由于魏军提前拆掉了横跨在逍遥津上的"小师桥"，孙权逃到小师桥头，没了去路，情急之下，只得将战马倒退几步，抓紧马鞍，向马屁股狠抽一鞭，坐骑感到疼痛向前猛跃，飞一般跨过断桥，如此这般，孙权方才脱险，后人于是就把这座桥改称为飞骑桥。

飞骑桥展现的是刀光剑影的鏖战，而筝笛浦讲述的却是唯美凄婉的传说。相传东汉末年，曹操同数名歌姬乘坐画舫，在合肥的这片水域游玩，一不小心游船倾覆，歌女们纷纷落水，香消玉殒。后有渔人夜宿于此，"闻筝笛弦节之声及香气氤氲"，筝笛浦的名字也由此而来。

上联除了说到这两处非常著名的人文景点，还叙述了今天与昔日的沧桑变化，那当年旌旗招展的三国古战场，而今已是波光潋滟的水国佳处，而面对此种缥缈胜境，不由得让人心生感慨。

下联继续描述逍遥津旖旎秀美的自然风光，春日莺啼，对月吟诗，泛舟湖上，酌酒临风，隐逸鹿柴的大诗人王维也不过如此啊。

王育泉在别墅落成之际，一定召集合肥周边地区的文人学士，在逍遥津园林里曲水流觞、饮酒作诗，享受惬意人生。

纵观整副楹联，引经据典，写景传情，旷达洒脱中充满了诗情画意，可谓一等一的佳作。

撰写对联的方浚颐，字子箴，和方浚师是堂兄弟，道光进士，钦点翰林，曾官至两淮盐运使，著有《二知轩诗文集》等作品。

"节物风光不相待，桑田碧海须臾改"，当年王育泉绘制的"逍遥津图"，可能在随后的兵燹战火中毁于一旦，而方氏所撰写的对联却一直流传至今。

巧合的是，从2020年8月开始，逍遥津公园正式封闭改造，而此项工程一直是合肥市民关注的热点，有回味，有期待，更有浓浓的情感绵绵不绝。

我想，倘若在本次公园的修葺过程中，能把方浚颐所撰的这副楹联，或重塑于园中廊柱上、或请名家誉写装裱悬挂，同时多方挖掘逍遥津背后的历史典故，建立一些新的文化景点，丰富园区人文生态环境，那么，必然称得上是逍遥津公园历史上的一段难得佳话。

写到这里，心里还真的就有一种隐隐约约的期待呢。

（原刊于 2021 年 6 月 19 日《市场星报》）

逍遥津公园曾经的主人

——合肥王氏家族

　　说到合肥城里最有历史文化底蕴的公园，自然非逍遥津莫属，三国时期曹魏悍将张辽在这一带水域，以八百勇士击败吴主孙权的数万大军，杀得吴军丢盔卸甲，"生子当如孙仲谋"的孙权差点都被生擒活捉，可谓狼狈至极。张辽也因此一战成名，威震逍遥津，其赫赫战功不断为后世所津津乐道。

（合肥逍遥津公园大门）

　　时光荏苒、沧海桑田，随着千百年来合肥城市规模的不断扩大，原本位于城东北郊外的逍遥津，逐渐被纳入主城之中。明代有位叫作窦子偁的合肥乡贤，先是考中万历二十年（1592）进士，又累官至福建布政使，遂购得这一片风景绝佳的山水好去处，建造窦方伯别墅和窦氏公祠为终老休憩之所，所以至今逍遥津公园内还保留有"窦家池"的旧名称。

伴随着时间的变迁，经历明清鼎革之际到了清代中叶，合肥王氏家族又取得了逍遥津的产权。

那么这个合肥王氏家族是什么来历呢？

合肥王氏家族人文鼎盛，后世最重要的人物，是入籍城中的第十世王育泉和十一世王尚辰。王育泉曾经在逍遥津上修建小辋川别墅，和当时众多的文人雅士曲水流觞、吟诗酬唱，享受惬意安逸的生活。

根据相关文献记载，王氏家族最早可以上溯到晋代琅邪王览，王览是二十四孝——"卧冰求鲤"的主人翁、西晋太保王祥的同父异母弟，也是"书圣"王羲之的曾祖，在西晋朝廷官至光禄大夫。

及至宋代，有庐州濡须人王之道，徽宗宣和六年（1124）登进士第，南宋高宗绍兴八年（1138）通判滁州，因上疏反对宋金和议，大忤秦桧意，坐是沦废者二十年，后官湖南转运判官，以朝奉大夫致仕，卒赠魏国公，著有《相山集》三十卷。

王之道的儿子王蔺，南宋孝宗乾道五年（1169）进士，官至礼部尚书、参知政事、枢密使等高级官职，耿直敢言。至宁宗朝，王蔺牵涉到"庆元党禁"案，罢官奉祠归里，卒谥"献肃"，著有《轩山集》。

王蔺的子侄王栐，中年时曾出仕山阳（今江苏淮安）吏，不图仕进，寓居绍兴府山阴县，屡召不就，著有《燕翼诒谋录》五卷。王氏后人王敔，居合肥，宋理宗淳祐丁未（1247）榜进士。南宋灭亡后，不仕元，在巢湖之畔隐居度日。

朱元璋建立明帝国之后，天下甫定，各地纷纷扰扰的战乱日益平息，随着社会经济的发展，王氏家族再次兴旺发达起来。其中旺生公有三个儿子，分为王钊、王镕、王镡三脉，明成祖永乐年间，其后人王亨被擢升为刑部员外郎。王亨的弟弟王宪，永乐十九年

（1421）考中进士，后历任监察御史、山东按察司副使、贵州按察使、署左金都御史等官职，为一代名臣。

穆宗隆庆六年（1572）江淮大旱，王镕的裔孙——王镳（履常），与侄子王筵赈灾捐粟八百石，被朝廷褒以上义之家，王镳正式迁居庐州城中。

王氏迁居城中的二世王恩民（绍庵），隆庆二年（1568）进士，官至御史，鉴于当时官场政治黑暗，王恩民辞官归里，在合肥莲花庵创立惜字会，教导民众爱惜字纸，提倡学习传统儒家文化。莲花庵位于如今的合肥环城马路西侧，这里绿树参天，景色宜人。

王氏三世拱北（慕猴），万历二十七年（1599）入邑庠，擅长品评人物。崇祯八年（1635）春，农民起义军张献忠部自凤阳南下攻打庐州府，其率领侄子王寝大（幼章）等族人，帮助官军守城，亲冒矢石，捍卫乡里。后王寝大中崇祯十年（1637）进士，由知县升任河南道监察御史，任期内弹劾权贵，被贬官为南吏部勋司。崇祯十七年（1644）甲申之变后，王寝大隐居在鹊渚（肥西三河），著有《史纲钞》等作品，复社学子尊称他为"孝穆先生"，王寝大和晚明陈子龙同科进士，欢饮酬唱，极为交好。王寝大的父亲王建极，父以子贵，赠吏部主事。

等到清朝的统治完全稳固下来之后，王氏的第四世王丝、王纲、王绰等人纷纷由科举而入仕为官，以文章吏治闻名于当时，并崇祀名宦乡贤。

王丝字言如，顺治五年（1648）举人，为黄州推官，秉公审判积压多年的两桩杀人疑案，又洗刷副将高诚旦的冤狱，并婉拒高的答谢厚礼，执法严谨，为民申冤，著有《年草》《续年草》二集。

王纲字燕友，和哥哥王丝同登顺治五年乡榜，旋中顺治九年（1652）进士。历任刑部郎中、兵部督捕、巡仓御史，终通政司参议，为官期间"振滞狱，释株连"，著有《觊鹤亭诗文集》十四卷。

王绰字又如，顺治十四年（1657）举人，曾经担任徽州府学教授，悉心教学，育人有方，当地的教育环境为之一变。后迁河北东光县知县，以老疾告归乡里。

另有王舟字泳思，顺治十八年（1661）进士，官四川太平县（今万源市）知县。太平县经过明末严酷的战乱，久已荒芜破败，王舟招抚流民，发展生产，振兴教育，培养人才，去官后，当地民怀其德，立祠祀焉，著有《巴吟泌园集》。

由此可见这一时期的王氏兄弟子侄们，文采风流，辉映江左，四海宦游，代著名节。

王丝生子王永纂、王永阅，其中王永阅封文林郎，守孝悌、有笃行。

王永阅的儿子王裹，字石仓，号雨溟，中康熙三十年（1691）进士，授山东商河知县，是为王氏六世祖。王裹在担任知县期间，廉洁奉公，四境安然，致仕后回合肥筑室"冰翠堂"，著有《冰翠堂集》。

合肥王氏的第七世包括王元龄、王元登昆仲，王元龄字九余，邑庠生，悉心侍奉孀母吴氏，著有《守泽居遗墨》。王元龄妻程氏，年二十七时王元龄去世，程氏夫人守寡，侍奉姑婆纯孝，卒年八十二，乾隆四十三年（1778）朝廷予以旌表，其子王会芸、王会薰，皆为县学生。其中王会芸妻龚氏，亦年二十七夫亡，无子，以侄儿王运和嗣，教之如同亲儿子一般，龚氏卒年四十六，地方政府详细记载了她的事迹，礼部颁发"清标彤管"匾额予以表彰。

王裹幼子王元登，字啸门，号蕉雪，三岁而孤，由母亲亲自教导而成人。敦孝悌，见义必为，性慧多艺，凡琴、棋、医、卜、丹青、篆刻诸技无不精通，以廪贡生终其身。王元登的儿子王会燕，官赠文林郎，巨鹿知县。

王尚辰的曾祖王会龙，字珠庭，淡于仕进，生平喜为诗，迂回隽永，不落时派。兄弟四人同案入学，与弟诒庭中乾隆三十年（1765）乡榜举人，时人有评曰"华萼联芳"，著有《艺圃偶存》。

　　王尚辰的祖父王受虚，字运咸，为贡生，以子王育泉贵赠奉直大夫，重义行，乐善好施，割产让弟，时任安徽巡抚的周天爵榜其门曰"贰是家邦"，晚年举为乡饮大宾。生有两子，长子王世毂、次子王世溥。

　　王氏的十世王世溥即王育泉，咸丰辛亥年（1851）被荐举为孝廉方正，为人洒脱磊落，仗义疏财，誉满大江南北，时人称之为"肥上善人"。早年和朋友张浣花同去南京参加乡试，期间张浣花不幸染病亡故，王育泉当即放弃考试为朋友治丧，亲自扶送其灵柩返回故乡安葬。友人湖南张彝尊罢官隐居在巢县东黄山，张彝尊去世后留下寡妻赵氏和一个襁褓中的孩子，有袁某觊觎其财产故意找碴打官司，王育泉闻讯后立刻积极出面干预，伸张正义，维护保全了朋友后人的利益。

　　道光五年（1825），王育泉购得逍遥津一带的土地和水面，修建小辋川别墅，成为这一片大好山水风景的新主人。期间王育泉和众多士人"绘图征诗，宾朋觞咏"，定远炉桥人方浚颐为其撰写了一副绝佳的对联，上联为"地临飞骑桥边，问当年一船筝笛，万队旌旗，弹指话沧桑，只安排水国逍遥，已是鲲池庄叟境"；下联是"春到听莺时节，看此日对月题诗，迎风把酒，散怀忘泛梗，且领略画图结构，俨然鹿柴右丞居"。整副楹联引经据典，情景交融，旷达洒脱中充满了诗情画意。今年逍遥津公园经历了大规模的修葺，七月份开园后我带家人去游览，见到这副对联悬挂在逍遥阁两侧的立柱上，典雅古朴的楹联和湖光山色的风景交相辉映，让人深感欣慰。

　　到了道光二十二年，也就是1842年，第一次鸦片战争结束，英国逼迫清廷签订《南京条约》，当时"濒江州县，风鹤时惊"，庐州城垣也年久失修，崩圮坍塌，为了加强城防，邑令沈祥煦和王育泉商议，由其召集阖郡绅民，集资修筑合肥城池，不费国帑，不伤民力，时人称颂。王育泉又主动出面维修庐阳书院和包孝肃祠，"筹给膏火，奖掖寒畯"，在物质上资助那些家境贫寒的读书人。

咸丰初年，太平天国运动波及江淮地区，王育泉协助安徽巡抚江忠源防守庐州城。城破后生灵涂炭，江忠源在合肥水西门外赴水而死，王育泉只身逃脱，在寿州一带组织团练助剿，筑营于定远、凤阳两县交接的莫邪山，"三围凤阳，再援怀远"，"大小十余战，贼不敢逞"，被清廷擢升为知州。这时候的王育泉年事已高，大病初愈后仍然在军旅中操劳，途中疾发，于咸丰九年（1859）八月去世，享年六十四岁。临终之际，对身旁的次子王尚馨留下遗言："吾年逾六旬，死无遗憾，惟逆贼未灭，郡城未复，吾目难瞑。而辈立身行事，须心地光明，毋贻前人羞。"后追赠知府，赏祭葬银两，荫子入监。王育泉有五子，分别是王尚辰、王尚馨、王宗培、王尚煊、王尚铨，其平生工于诗词，著有《小辋川诗钞》。

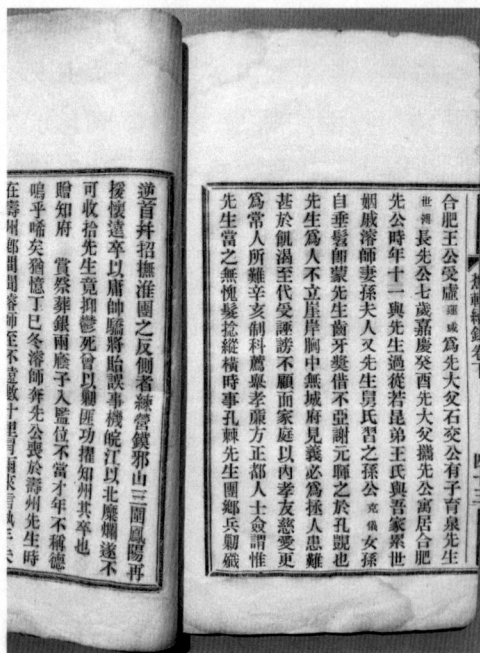

（《蕉轩续录》内页）

王氏的十一世为王尚辰，字伯垣，号谦斋，别号五峰。弱冠成诸生，于咸丰三年（1853）冬起兵协助其父王育泉，在胜保、袁甲三的统领指挥下，与太平军、捻军，以及反叛无常的苗沛霖作战。王尚辰后以军功授翰林院典簿，晋四品京衔，不求仕进，携诸弟就宅大潜山，力耕侍养，以诗书自娱，著有《谦斋诗集》《遗园诗余》，为合肥诗坛之耆硕，与徐子苓、朱景昭并称为"庐阳三怪"。

王尚辰有三子四孙，长子王德澍，补用巡检；次子王德名，国学生，早逝；三子王德芬，邑庠生，亦早逝；子孙皆有诗名，均能读书继其志。王尚辰曾委托好友、时任合肥县令的谭献，帮忙刊印其家族诗文集。

以上就是逍遥津公园曾经的主人——合肥王氏家族的源流梳理。纵观王家数百年来的历史，在承平年代其族人著书立说，建书院，办教育，赈灾荒，修城池，热心公共事务，积极参加科举考试，蟾宫折桂，为官清廉；战乱时期，如明末抵御张献忠、咸同兵燹对抗太平军，合肥王氏毁家纾难，弃文从武，保境安民，忠勇可嘉。

今天，当我和朋友家人们来逍遥津公园游玩，或泛舟于湖上，或漫步于林中，欣赏这片风光旖旎的山水美景之时，不应该忘记历史上曾经有这样一个名门望族，对逍遥津甚至合肥早期城市开发所做出的卓越贡献，王氏家族可歌可泣的事迹和优良质朴的家风，值得我们后人深入研究发掘。

（原刊于 2021 年 11 月 30 日《合肥晚报》）

京师安徽会馆里的一副楹联

一直关注安徽本土的历史人物和事件，对于京师安徽会馆自然产生了解的兴趣。近日阅读清代安徽定远人方浚师撰写的《蕉轩续录》，书中有篇短文，简略记载了当年京师安徽会馆兴建的一些细节，颇有史料价值。其前半部分的内容如下：

> 同治戊辰各直省军务平，合肥李少荃相国入觐天颜。退朝之暇，同乡诸公宴相国于江蓉舫前辈宅。因议买后孙公园孙侍郎旧居，设立安徽会馆。时予方奉观察粤东之命，相国遂请蓉舫总司其事。

话说到了同治戊辰年（1868），太平天国运动引发的战乱逐步平息，时任湖广总督的李鸿章奉旨进京入觐。退朝之余，李氏和众多在京的皖籍官员，相聚于内阁侍读江蓉舫（江人镜，号蓉舫，徽州婺源人）宅中，举杯欢宴。觥筹交错之际，绩溪胡肇智、和县鲍源深、霍山吴廷栋等京官，敦请李鸿章带头，集资捐款创建京师安徽会馆。李鸿章当场应允，慷慨解囊捐银一千两，后又续捐银三千两，并发动"皖人之宦于四方者"协力捐资，一时之间从者如云。潘鼎新、刘盛藻、周盛传、吴长庆四位淮军将领合伙捐银一万两，刘铭传捐银二千两，李瀚章、吴棠各捐银一千两，皖籍官绅154人，累计捐银三万三千多两，其中《蕉轩续录》的作者方浚师本人也捐银一百两。

这个捐款的金额排名，反映了当时一个颇有趣味的社会现象，就是级别高的大佬们捐得多，武将捐得多，地方实力派官员捐得多，京官主要依靠朝廷俸禄生活，估计没啥大的油水，基本上也就意思意思一下而已。

大伙儿说干就干，由江蓉舫牵头，决定购买北京城南原孙侍郎的故居，用来建造安徽会馆，这位孙侍郎名叫孙承泽，崇祯进士，仕清后曾担任过康熙朝的吏部右侍郎。

从同治八年二月开工，到了同治十年八月，耗资二万八千两白银的京师安徽会馆，终于完工。

根据相关资料介绍，这座恢宏气派的建筑群，坐落在正阳门与宣武门之间的后孙公园正中，坐北朝南，整个建筑由中院、东院、西院三大部分组成。

正中院大门楼上，是李鸿章亲笔所书的"安徽会馆"匾额。第一进为"文聚堂"，堂内悬挂着皖籍中试者的名单；第二进有中厅罩棚、正楼、方台等；第三进为神楼，楼上奉祀文昌帝君、关圣帝君像，楼下正厅悬"斯文在兹"匾额，奉祀着皖籍大儒闵子骞、朱熹牌位；第四和第五进分别有"碧玲珑馆"、戏楼、"拜石山房""半亩塘"等园林建筑。

东院第一进正房为"奎光阁"，奉祀的是魁星神像，檐前立有李鸿章撰写的《新建安徽会馆碑记》石碑一方，"藤间吟屋"回廊中间立有石碑四块，上刻捐修者的姓名、官职、金额等；第二进和第三进分别为"思敬堂""龙光燕誉堂"等配套建筑。西院的规模稍小，主要是用来接待宾客。

会馆落成之日，这一大片雕梁画栋、金碧辉煌的建筑，矗立在北京城南，真是绵延起伏，蔚为大观，雄踞京城各大会馆之首。

这么多鳞次栉比的楼堂馆所，想必会有很多贤达名流的匾额、楹联题款，《蕉轩续录》里就记录了赵子方撰写的一副绝佳楹联：

结庐把退谷风流，胜迹重新，应续春明梦余录；把酒话皖公山色，乡心遥寄，难忘江上大观亭。

（《蕉轩续录》内页书影）

当安徽会馆竣工之时，方浚师尚在广东担任肇罗道台，其兄方荄塘（即方汝绍）写信告知他相关讯息，信中抄录了赵子方的这副对联，希望方浚师也能给安徽会馆题联，由于感觉赵氏楹联写的实在是"笔情飞舞，雄跨古今"，方氏读罢"不觉搁笔矣"，颇有李白"眼前有景道不得，崔颢题诗在上头"的意味。

赵子方就是赵继元，出身于太湖赵家，其家族诗礼簪缨，四世翰林。赵继元的祖父是状元赵文楷，他本人同治七年中进士，授翰林院庶吉士，能诗善文，尤以书法著称，著有《静观堂遗集》。赵继元是李鸿章郎舅，也是著名文化大家赵朴初老先生的曾祖父。

赵继元的上联首先破题，把安徽会馆的选址背景阐述得很清晰，联中提及的"退谷"，正是前主人孙承泽的号，当年风雅人物共聚的奢华园林，再次焕发新颜，瓜瓞连绵的文脉，重新得到了传承和发展，这里的"春明梦余"，指的是孙氏代表著作《春明梦余录》。

赵继元上联重点刻画的是京师，下联描述的就是安徽。众所周知，以李鸿章为首的淮军集团，通过荡平"粤捻之祸"，战功显赫，各省的封疆大吏和州县官员"非其门生，即是部曲"。会馆众人在把酒临风之际，自然会怀念起故乡的人文山水，其中让在京诸人最难忘的，是位于省城安庆号称"皖省第一名胜"的大观亭。历朝历代的文人墨客，到大观亭游览，登临远眺，大江东去，惊涛拍岸，留下了大量隽永的诗文。大观亭这处风景绝佳的古迹，也成为众多皖籍游子梦回萦绕的牵挂。

纵观整副楹联，对仗工整，用典精妙，由古至今，由中枢京师再到桑梓故乡，客观上反映了皖籍官绅在京城的巨大政治能量和社会地位，大有傲视群雄、舍我其谁之气概。

由于正中院第二进前后左右均为五楹，想必赵继元的这幅大作，也应该是高悬于此处吧。

这座占地六十亩、耗费近三万两白银修建的安徽会馆，在光绪十五年（1889）不慎被大火焚毁。李鸿章在寿县孙家鼐等人的倡议下，又花费巨资重修京师安徽会馆，修复后的会馆，其富丽堂皇的程度丝毫不逊色于之前。

1949年之后的京师安徽会馆，已然是亭台颓毁、花木凋零，又长期被工厂和居民占用。所幸到了1984年，安徽会馆被列入北京市文保单位，2006年6月，宣武区政府把安徽会馆修葺一新，被国务院公布为第六批全国重点文物保护单位，成为北京城区各大会馆中唯一的国保单位。

我想下次有机会去北京的话，务必要去一趟位于后孙公园胡同的安徽会馆，访古探幽，实地感受赵继元楹联中渲染的历史氛围，体味当年这群卓越非凡安徽人的豪迈情怀。

（原刊于 2021 年 6 月 25 日《市场星报》）

巢县大寺塔追记

一、缘起

近日笔者淘得一份当年巢县大寺塔被拆除的情况报告。该报告撰写于1954年11月，介绍了"巢县大寺塔"的历史、建筑结构以及被拆除的经过等情况。

通过落款及钤印，可知这份报告的撰写人为安徽省博物馆的白冠西先生。白先生是安徽盱眙（现隶属于江苏）人，长期在安徽省文博系统工作，曾参与1956年安庆范文虎等墓葬的考古清理工作，他与葛介屏、石谷风、姚翁望、徐子鹤等先生同为当年省博物馆五人专家鉴定组成员。

报告的字里行间可以读出白冠西先生对"巢县大寺塔"评价甚高："较之（安庆）迎江寺塔，不知高出几多倍"。对当初地方上拆除"巢县大寺塔"持反对意见。又对这座宝塔最终被拆的结局，痛心疾首，深感无奈。现在回头来看，在当时的历史条件下，白冠西先生能有这样的真知灼见，实属不易，充分展现了老一辈文博人员的专业素养，以及传统知识分子秉笔直书的耿介性格。

笔者倍感这份材料的珍贵，现根据材料中提供的信息，略加考证，将巢县大寺塔的情况介绍给大家，疏漏之处请方家指正。

二、大寺塔的外观与结构

根据这份报告的记载：大寺塔位于当时巢县内卧牛山东坡下，古定林寺旁，巢湖中学校门内，西距巢湖六七里，南距濡须河约一里，依山临水，为巢县最胜处。

塔身高约九十市尺（30米），七层六角，第二层较高，砖砌石基，每角宽约八市尺（2.7米）。塔基四周浮土很多，下层有石刻莲花座两层，简单朴素，明快大方，均为浮土所掩。塔顶久圮，塔身向东南倾斜约九度。每层外壁均有小佛龛二至五个不等，佛像皆窑制，跌座，粘合于砖上，精致庄严，但多数毁坏，完整者仅一尊。平座腰檐均毁，不知有无勾栏。砖斗拱亦破碎，结构不明。外壁伤处甚多，底层西北有大裂缝一道，二层南面有大裂缝二道。一、二层壶门均有破损，下层石基深约十市尺（3.3米），皆用大石砌造，异常坚固。

报告中还附有一张大寺塔被拆除前的照片，让我们能更直观地感受这座古塔当年的风貌。

关于塔的结构，报告中也作了详细记录：塔是平面六角，由塔心、内郭、外壁三部分组成。底层平面直径长3.44公尺（米），直上逐层收缩。底层拱门二，南北各一，半没土中。余层均三门，各层相错，故不嫌重复平淡。除底层外，每层外壁转角皆有圆椅柱，塔的内廊亦为六角，底层至四层顶上皆有棱角牙子一层，沿外壁内面呈锯齿形图案。塔心也是六角形，内为方形小室，至五层即与上层隔绝，用砖平铺作楼板式。室梁主要部分，是两木左右平夹塔心，缺口处正对上层壶门。第六层至顶有方形大木一，长约七八市尺（2.3～2.7米），厚约七市寸（23厘米），当系刹竿残存部分，与第五层梁木构成上形。方室石梯斜叠，尽处即上层壶门。塔心外围有很多小佛龛，佛像无存。各层石梯由十级至十四级不等，二层最多，愈上内廊与塔心幅度愈狭小。

塔砖均呈灰色，约分三种：第一种，长约一市尺，厚约一市寸五分，每块均有"宝塔"二字（阳文），或在"宝塔"二字下有"至正戊子（1348）重建"六字（阳文），此砖是专供造塔之用，故有此文字；第二种，长约一市尺三寸，厚约二市寸半，上有"池州前军"及"ΔΔ榷统制"（阴文），无疑为宋代制；第三种比第二种略小，在砖之一头有"巢县"二字（阳文），疑为唐、宋时制。第一种砖最多，约占全数之十分之七，二、三两种约占全数十分之三，有文字的仅此数块。砖皆平铺，用石灰合以米汁，故极坚固。塔之底层有四巨柱，一个上半已焦损，或是烧锡箔所波及。

三、大寺塔的建造年代

据《巢县志》记载："定林慈氏寺在县北，明初设僧会司。嘉靖间改儒学。万历四年复为寺"。《江南通志》记载："在崇善坊，梁武帝时建，宋乾道间造塔"。

而此报告中保留了拆塔中发现两方石刻的拓片资料，非常珍贵。一是北宋神宗熙宁十年（1077），县人韩嵩独资重造。一是元顺帝至正十年（1350），寺僧永传募捐重建。根据以上两石刻所记，此塔始建应在北宋以前，宋元之间二次重建。1954年所拆之塔，是元代的建筑无疑。

对于大寺塔的价值，白冠西先生在报告中感叹："此塔外观雄伟庄严，内部结构紧密安稳，是元代佛塔中之杰构，实为少见。较之迎江寺塔，不知高出几多倍，为研究元代建筑一良好参考，拆除乃是民族文化遗产中重大损失"。

四、塔内出土文物

据报告中介绍，大寺塔内拆下的文物，大半由巢县中学保存，并列举了这些文物：

1.北宋人造塔葬舍利石刻（盒）一个，盖上刻有熙宁十年三月八日重新砌造等文字。释文："巢县右厢兴严坊居士弟子韩嵩与阖家骨肉，同发虔心，独备净财，重新砌造大圣砖石宝塔一座。时熙宁十年丁巳岁三月初三日，葬舍利，题记。造塔人宋文吉，劝缘僧了真。"

2.元至正十年造塔石刻一方（附拓片）。释文："巢县定林释迦院比丘永传，同僧俗等备衣资，募众重新砌造大圣宝塔一座。时大元至正十年庚寅岁七月初八日，安佛牙舍利，题记。造塔人任胜祖、任德全，劝缘僧道兴、守万等，祖瑞讲主化士孙国琇、周庭柱、秦慧明、陈道谦，住山永华立。"

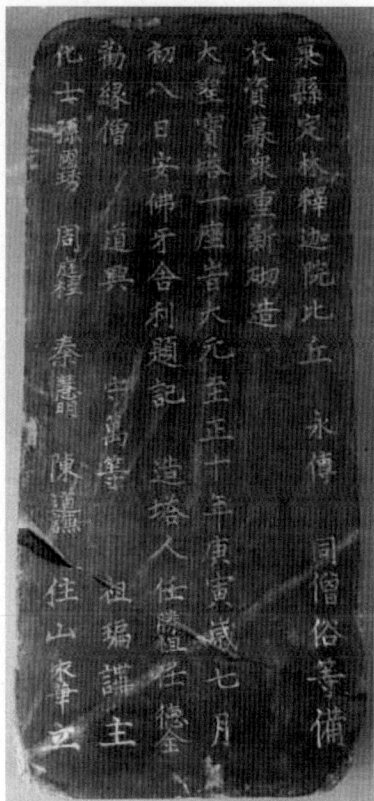

（元至正十年巢县定林寺造塔石刻，现藏安徽省博物院）

3.佛牙舍利一具，矿质盒装置，另有两件在石盒内安置，均发现于塔的最下层。

4.圆木盒一个，内有圆铜盒一个，四周俱是香粉，铜盒内有佛牙舍利，于塔的第三层发现。

5.红漆木匣一个，在佛塔的第五层南面壁内发现，系香木红漆匣，拆时不慎致有损坏。通高16公分（厘米），盖高3公分（厘米），长34公分（厘米），宽17公分（厘米），上有"陆"字，头有"理"字。内藏南宋写本华严经一卷（卷轴式），蓝地金书，袈裟一件，均已毁。匣侧面有字，真书十四行，文曰：

谨募

十方信士共施净财收赎

华严经一部恭入

本院天宫宝藏内永光

供养所集

功蕈妙利

上报四恩

下资三有

各家平善

人口咸安者

宝祐元年三月日干缘僧绍定

妙倩□学

□劝缘主持□□

（1.疑似"识"字。2.疑似"学"字。3.疑似"善"字。4.疑似"鄙"字。5.均模糊不清难辨。按：宝祐是南宋理宗年号，元年为1253年）

6.朱书妙法莲华经七本（蝴蝶装），在第四层梁上发现，大部完整，纸细紧帘纹宽，疑为宋人写本。

7.窑制佛像二尊，在塔的上层拆下，均有损。

报告中介绍，当时安徽省博物馆筹备处配合巢县中学，举办了一次拆塔文物展，宣传保护文物政策。展览会中讲解员宣讲文物政策，让观众们今后在修路、开荒、打井、挖塘中发现了古墓或文物，应当报告政府，在基建中发现古墓文物，要妥为保护等。这次文物展览取得了很好的宣传引导效果。

（原刊于《安徽佛教》2018年第4期）

杨欲仁和他撰写的《古巢汤氏宗谱》谱序

　　有清一朝二百余年，巢县文风不彰，考取文进士的士子不足十人，这样的科举考试成绩，在庐州府所辖各县里排名是靠后的，好在出了曹同统、杨欲仁等几位佼佼者，出乎其类、拔乎其萃，略可弥补缺憾。其中杨欲仁出仕、执教半生，阅历丰富，诗书画均有很高造诣，是清代中期巢县最具学术成就的大师。

　　杨欲仁（1766—1848），字体之，号唯唯道人，又自号"铁梅道人"，世居巢县（今属巢湖）柘皋太平坊。清仁宗嘉庆三年（1798）戊午科举人，嘉庆十年（1805）乙丑科进士，二甲第76名，是科状元为湖南衡东人彭浚。

　　杨欲仁历任江苏睢宁、赣榆、泰兴、砀山、丰县等地知县，任职十余年间，公正廉明，政绩卓著，亲书"克承清白之风"匾额悬于宗祠，以昭示子弟族人。公务之余，潜心著述，刊有《孝经集解》《大学中庸性道图说》《四书精义说贯》《金刚经注释辩疑》《观古堂文稿》等作品。道光辛巳（1821）辞官，主讲宿迁钟吾书院、颍州清颍书院、六安赓扬书院，晚年返乡担任巢湖书院山长。

　　杨欲仁讲学之余，兼治书画，邑人刘原道评价他"书得米襄阳神髓，画以墨梅为逸品，琉球国王曾出重金购之。"可惜书画作品多毁于兵燹战乱。合肥曹勇先生前几年拍卖过他的一幅诗作，诗的内容为"扬帆载月远相过，佳气葱葱听颂歌。路不拾遗知政肃，野多滞穗是时和。天分秋暑资吟兴，晴献溪山入醉峨。便提蟾蜍共研墨，绥笺书画剪江波。"落款署名"道光庚子春月，体之杨欲仁。"

作品左下钤白文"铁梅仙叟"、朱文"欲仁之印"方印二枚，道光庚子是1840年，是年杨欲仁74岁，艺术手法日臻成熟，老而弥坚。曹勇先生当时特意发微信图片给我，只是我对书法半通不懂，加上囊中羞涩，最终没能购得，至今深以为恨。

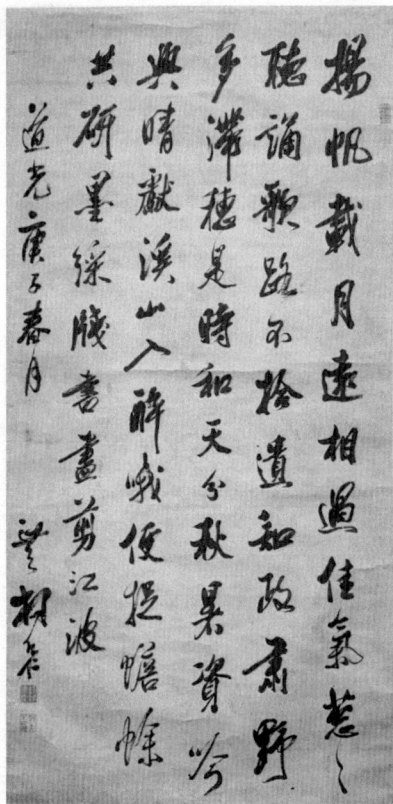

（杨欲仁书法）

杨欲仁的诗作清峭拔俗，前面的这首可略见一斑，刘原道说他"诗无刊本，仅于所书、所画扇册屏幅上抄得若干首，亦自清峭拔俗。"其编著的《居巢诗征》收录杨诗数十首，《题墨梅七律·七首》第一首："孤绝难将本性移，寒窗呵冻写高枝。一堆香雪回春早，半幅生绡落墨迟。明月有情邀共醉，罗浮入梦耐相思。不须点窜江南句，流水空山画作诗。"诗后刘原道标注"右《墨梅》各诗，大抵先生偶然兴到，随画随题，并非一时一地所作。兹编辑杂录之，亦无次第也。"《杂诗》的第一首："圣德天开隆古运，皇心极建万年基。汉朝相自怀三策，唐室贤远上十思。宇宙人文终不夜，中庸治法有常师。于今想象神尧世，帝力虽名岂易知。"诗后刘原道标注"《杂诗》七首，为潘宗瀛茂才所藏，杨公手书赠其大父子泉孝廉者。百年来楮墨犹新，讽颂再三，中多见道之言，不徒以工稳见赏于世也。"上述内容都是非常难得的乡邦文献，有待于对地方文史感兴趣的有识之士搜集、整理、发掘和研究。

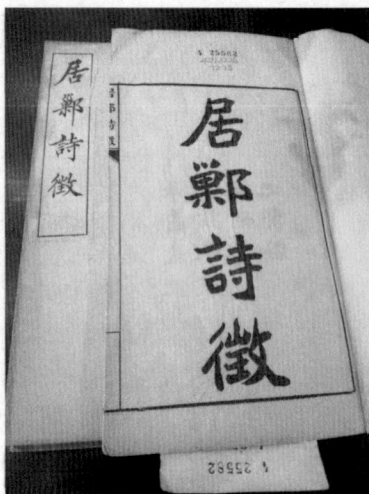

（《居巢诗征》，现藏安徽省图书馆）

道光丁酉年（1837），巢县东黄山西麓汤氏族人首次纂修家谱，谱成之日，族长汤天应带领家族主事成员汤国鉴、汤应朝、汤文焕，登门拜访杨欲仁，邀请杨先生撰写谱序。先生欣然领命，洋洋洒洒，一挥而就。文章首先介绍了写作的原因及经过，然后逐一罗列历代汤氏先贤的光辉事迹，包括汤悦、汤汉、汤岩起、汤乔年诸人，其中南唐宰相汤悦，原名殷崇义，入宋后安家于汴州，为避宣祖赵弘殷名讳，改名汤悦；及至靖康之乱，道亨公随宋高宗衣冠南渡，卜居金陵句容，不断开枝发叶，是很多南方汤氏家族的主要源头。序文最后总结各个家族修谱的实际用途，也就是"后之人按册而稽得，以备悉其名氏"。全文流畅精练，一气呵成，充分阐述了宗族修谱的积极意义，其所倡导的敬宗守法、和谐邻里思想，对当下的乡村社会治理，也具有积极的现实意义。

杨欲仁撰写的《古巢汤氏宗谱》谱序全文如下：

道光丁酉（1837）夏，余解组归里，有汤氏刊族谱成。有日，扣门请序于余，余思人之为道，首重亲亲，亲亲故尊祖，尊祖故敬宗，敬宗故收族谱之设也。上以追崇其宗祖，下以联属其子孙，亲亲之道，将于是乎。

在以汤氏，系本中山，知为成汤之后无疑。试就先朝之所可称者言之：五代有汤悦，为贤宰相，一时书檄教诰皆出其手；宋有汤汉，廉节介石，当时奉为名流；（其）他如汤岩起，县任秩满，治小圃以为乐；汤乔年推官不赴，甘泉石以自娱。此其人皆名载史册，永垂不朽者也。

然前代不乏贤豪，而后世莫详派系，端由于里居聚散，兵火播迁，求其支分派别，无论数百千年之远，即数世而后，传疑传信，有难言者。然此亦天下古今所同，概非惟汤氏为然也。

夫数千百年之远，既不可考，考亦无征而不信。故君子于其所不知，盖阙如也。及今之犹可据者，搜辑编订，垂诸子孙，俾自今以往，考本寻源，庶几世系无忧，失坠未始，非仁人孝子之用心也，岂沾沾以族大夸耀也哉？

盖祖宗深仁厚泽，休养生息，涵煦数百年。后之人按册而稽得，以备悉其名氏，则谱之修也，修谱之贤可知。故夫推见其用心，尊祖在其中，敬宗在其中，睦族在其中，人道之大，莫备于是。至谓其谱之必籍余言而传，则余且不敢居。

是为序。

赐进士出身　体之杨欲仁拜撰。

《古巢汤氏宗谱》谱序三篇

  《古巢汤氏宗谱》首卷刊有谱序十余篇，是整部家谱的精华所在，具有较高的地方家族史料研究价值，现整理其中的三篇，以作留念。

  第一篇谱序是十六世孙汤自新公撰写，他自署为邑廪生，有这么一个功名，在整个家族应该都是凤毛麟角的知识分子。自新公在序文里回顾了道光十七年（1837）初次修谱的经过，历数太平军与清军作战对江淮地区社会生产的巨大破坏，最后记录本次二修家谱的人员分工等细节。全文言简意赅。

  第二篇谱序是潘宗瀛撰写，潘宗瀛字修柏，也是秀才出身，在巢县享有盛誉。潘秀才的这篇序文，首先叙述汤氏家族变迁渊源，再历数道光、同治两次修谱的过程，言明汤氏宗祠原本位于界墩集西之大汤村，洪杨兵燹后迁至枣林岗，到了光绪甲辰年（1904）祠堂搬迁到小陡涧西。文章最后详细介绍三修家谱的经过，阐明修谱建祠的积极意义。

  第三篇序文是汤盘公所撰，汤盘字铭如，大汤村人，在巢县、合肥东乡等地担任私塾先生，教书育人，持重老成。文章描绘汤氏宗祠迁祠、修祠的整个过程，颇有欧阳修《醉翁亭记》之神韵。

一、《重修宗谱序》

  夫天地有呵护之灵，祖宗有庇荫之德。虽无凭而冥冥中实有可据者。我始祖香农公由句容迁巢卜居花苗地，数传而后，支庶繁昌、人文蔚起。

至道光十七年，前族长辈天应、志忠、国鉴诸公，不惜赀财、不辞劳瘁，遍历合肥、无为州、巢县等处，查明支系，纂修谱牒，订为二十一套，功甚巨焉，意甚周焉。

奈逆贼盘踞庐郡十余年，或遭兵燹或弃风霜，谱牒几乎欲绝。幸我八分有万全公、廷荣公、廷魁公者，不避艰难，丧身不顾，犹得保全一套。固三公之苦心而独非天地呵护之灵、祖宗庇荫之德耶？

今已升平数载，我等伤前功之将坠、念一线之犹遗，是以公议，捐资爰请梓人，重为修续，其时掌理谱稿者子权、广鉴，司校阅者廷选、仁科，管理账目者大山，其余天荣、文发、廷秀、心武、尚有、锡春、会斗、乾永诸人，共襄其事，以考厥成，庶昭穆永以不紊，生卒翕然载明，不惟敬先，且以利后也已。

时在

同治十一年岁次壬申榴月　谷旦

十六世孙邑廪生　自新敬撰

二、《汤氏族谱再续修叙》

吾邑黄山西麓汤氏，巨族也。自其鼻祖香农公句容迁巢以来，已历二十余世。中间子姓迁徙，丁蕃族大，如合肥、无为诸同宗，皆其支派矣。

道光丁酉，其族之天应、志忠等公，因旧有之谱稿，创为家乘二十一部，付剞厥氏，是为汤氏族谱之权舆。

自咸丰癸丑，迄同治甲子，大乱十年，斯土鼎沸，而此二十一部者已丧其二十部，固已不绝如缕哉。于是子权等公，惧其失坠而莫之考，幸也因其所仅存者，网罗而修葺之，为谱十有七部，告成于同治辛未年，是为汤氏族谱之初续。

而其祠宇则旧在界墩集西之大汤，兵燹后迁于枣林岗前，至光绪甲辰，硕辅、怀亮等公，又移诸小陡涧西。十余年中，风雨飘摇，渐就坍塌。去年冬，聚堂、静斋、新斋、从明、从发、铭如、志平、福成、福川、少堂诸君，慨然酿资新之。

因又谋族谱之再续，其志事之远大为不可及已。夫欧苏之族谱，谈谱者善之，善其创非善其因也。

汤氏、子权等公，既为天应等公之功臣，聚堂诸君又为子权等公之功臣，家法相仍，勇于为善，是又难于因者。韩子曰："莫为之前，虽美弗彰；莫为之后，虽盛弗传"。

汤氏之祠宇适再移，其谱牒适再续，虽为天数，亦其子孙之多贤敦孝悌而识大体也。方今世变日亟，天道、人事未卜，何如其流离转徙茫然而忘其祖者，或亦意中之事，不有谱以收之，则启后之谋不臧，即承先之心未尽，是亦为子孙者责耳。

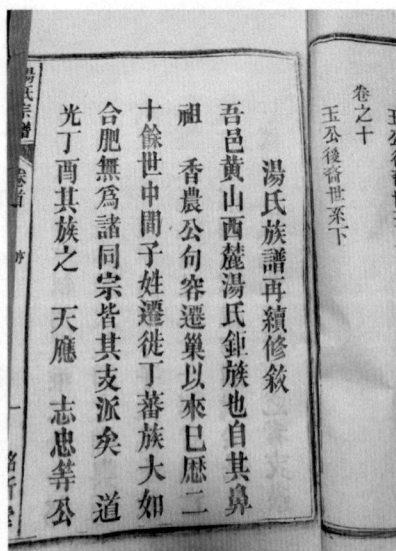

（《汤氏族谱再续修叙》）

故聚堂诸君，不惮劳瘁，驰告肥水芝山诸族，访求五十年中之生卒、配氏、功名、义烈，一一依例，再续之以成，完善之本，是为当今之急务，应亦地下达人杰士所共欣怍者矣。

今者静斋及新斋、铭如诸君，皆年富身强，精神裕如，于此两役不能一力相当，而聚堂耆英矍铄，灵光岿然，独能肩斯巨任，成煌煌之巨观，非其祖宗有以默相之与？

余家于黄山之阳有年，与诸君交最契，因于其华乘之告成而志数语于简端，是为叙。

时在

民国六年岁次丁巳冬至节　谷旦

邑庠生 潘宗瀛修柏甫敬撰

三、《迁祠修祠合序》

石马名山也，其西北里许，涧泉交错，望之逶迤而下者，小陡涧也。涧行数百步，有室魏然临于其旁者，吾宗祠也。

斯祠也，旧在涧南半里也，迁之者谁？族之先人硕辅公也，佐之者谁？族之前辈怀亮公也。亮之佐辅迁祠于此，固期必底于成也。讵工未竣，亮存而辅遽殁也。

是后也，石燕频翻其屋瓦，商羊时浸其椽枋，宗人过此，莫不凄然而叹息也。幸而有聚堂者，览其现状愤然而起，与我族人共葺之。不然，则斯祠之坏不知伊于胡底也。夫今日何日也？迁祠已往之日也，今时何时也？修祠已成之时也。然沧海桑田，有时或变，斯祠虽成，故独惧其易朽也。后之人春秋来此，其思迁者之劳、修者之苦，而时有以保之也。

民国六年岁次丁巳冬至节　谷旦

十八世裔孙盘铭如熏沐敬撰

《古巢汤氏支谱》告成跋

一、修谱经过

2017年春节，我回老家巢湖小汤村过年。家乡的风俗，春节大年初一需在村中挨家挨户拜年，互相走动贺新道喜，拜年时听族爹汤盛俊（村中目前唯一的"盛"字辈长者）说，我们姓汤的还有一套完整的老谱，存放在安王村的汤氏族人之处。于是大年初四，我和汤盛俊、汤德波三人来到安王村，这个村子大部分是王姓，离我们村也就一公里的距离。安王村中有几户汤姓人家，是早年从小汤村搬迁过来的。该村的族爹汤盛权、汤盛法热情接待了我们一行人。

鸣放鞭炮、敬香沐手之后，汤盛法爹爹小心翼翼地从大纸箱里，取出这套保存完整的《古巢汤氏宗谱》，以及手抄本简谱"开甘露之法门（道场略意）"等资料。当这皇皇十巨册，放置于大桌上时，真是让在场的所有人心潮澎湃、感慨万端。

由于春节期间放假时间比较短暂，我提议将这套族谱暂时由我带回合肥，然后复印一套，相当于给老谱做个备份。盛权、盛法两位爹爹爽快地答应了。

回小汤村的路上，我们顺路又去了隔壁的大汤村，拜访族叔"三爷"汤德敏，当年我读小学的时候，德敏三爷是我们的语文老师。见面后聊了一下家谱的诸多事宜，他说他们大汤村中也保有一套族谱，言毕，德敏三爷带我们去族兄汤增良家，他家中果然保存着一套"勤"字号汤氏宗谱，和安王村的这套"俭"字号内容一模一样，只是品相略逊。"勤"字号家谱能保留下来，主要得益于增良的父亲汤德顺老爷子，20世纪特殊年代期间，德顺公把"勤"字号宗谱贮藏于自家大门的门头之上，方才平安躲过劫难。

"俭"字号汤氏宗谱请回我们小汤村之后，村中"家房子"们纷纷来到我家，查阅自己的祖先名讳，每个人都是异常高兴。

春节后我回到合肥，购买了一台扫描仪，把这十册汤氏宗谱逐一扫描并打印出来。电子版族谱整理好后，我用邮件发给了很多汤氏宗亲。

（1918年所修《古巢汤氏宗谱》）

到了2018年春节，我携带着复印好的家谱返乡过年。期间村中盛法公、德堂公、德云公、增余公等纷纷提议，建言献策，争取先把小汤村和安王村的支谱修好。于是大伙儿各自安排，统计各支"家房子"的人口状况，建议村中每丁捐款60元，预计可筹得近万元的修谱款项。倘若资金不够，再由我们几位倡议人自行垫付。

我回合肥后，根据大家提供的人员名单资料，逐一誊写输入电脑。这一年中，还把民国老谱的谱序整理了十余篇，重新断句，简化文字，准备刊印于支谱前列。

2019年春节，我把打印好的资料携带回村，挨家挨户再次核对信息，力求准确无误。我们这一支汤氏，已经一百年没修谱了，所以从内心来说，我还是希望本次修谱活动，能够做到完美、完善，尽量翔实细致，不仅仅记录村庄汤氏人口的繁衍状况，也希望能侧面反映出大时代下的历史变迁。这两年我自己也是人到中年，工作和家庭琐事缠身，一方面导致修谱时间拖得比较久，另外一方面就是遗漏错误之处在所难免，请家乡的宗亲族人多多原谅包涵。

清明过后，也就是2019年4月7日，我和盛法公、德堂公、德波公四人一道，抵达肥东县城，和安徽华谱印务有限公司签订协议，缴纳订金，正式刊印《汤氏支谱》十二份。

（2019年新修《古巢汤氏支谱》书影）

二、老谱内容简介

通过研读民国老谱的谱序可以知晓，我迁巢始祖汤永传（香农公）为避兵燹，明朝早期由江苏句容迁移至巢北，卜居于东黄山之西麓，遂枝繁叶茂，历经五六百年，至今业已二十余代。遥想先祖们创业之筚路蓝缕、栉风沐雨，而继之以耕读诗书、昌大门楣，确实非常艰难。

老谱的谱序记载了汤氏三次修谱的情况，现登记如下：

1.道光丁酉年（1837）初修谱成。主事者：天应、志忠、国鉴、耿照、应朝、天翠、应华、文焕、尚发、应林、应恺、学渊诸公，谱修共计21部。为家谱撰写谱序的诸多人物里，有进士杨欲仁，是我们巢县的大名人、大才子，他写的谱序，我已经全文抄录。

咸丰癸丑到同治甲子年，也就是1853年至1864年间，太平天国运动爆发，兵祸荼毒吾乡，21部家谱，遗失了20部。只有夏阁颜刘村的万全公、廷荣公、廷魁公三位先人，拼死保全了一套老谱。二修族谱的时候，族人为这三公撰写赞言，我也全文整理断句抄录。

2.同治辛未年（1871）第二次续修家谱，当时江淮地区的战乱基本平息，社会生产逐步回复正常，这次修谱的主事者为：子权、廷选、福隆（大山）、天荣、文发、廷秀、心武、锡春、会斗、乾永诸公，谱修共计17部。

3.民国三年（1914）族人再次倡议修谱，到民国七年（1918）仲春月，新谱方得付梓刊成。主事者：聚堂、静斋、新斋、从明、从发、铭如、志平、福成、福川、少堂诸公，其中汤盘字铭如，是我们隔壁大汤村人，私塾先生，耆宿，道德文章皆属楷模，在家乡素有名望。这次修谱共计20部，各部字号如下："志欲光前，惟有诗书教子；心思裕后，必须勤俭传家"。当年我们"俭"字号族谱最初的执谱人是汤福广、汤从旺两位先人。

4.老谱中刊登了很多的赞、序等内容，主要是表彰先人美德，怀念祖先的功绩，就不一一赘述。我们这支汤氏的辈分排行字是："道乃真心会，福从盛德增，宜思昌大业，世泽贵长承"。早年没有明确的辈分，从十一世方才开始正式规范使用，也就是说十一世老祖是"道"字辈，后世子孙基本都遵循班辈起名。大汤村汤德敏公担心后面的辈分排行不够用，又续了十个字，曰："继先品行志、光祖源荣家"，建议我们村也采用，以保持家族辈分的一致性。

（汤氏辈分）

5. 我们小汤村，包括大汤村、分路十口小汤村等，皆是玉公后裔。

其世系排序如下：句容迁巢始祖永传公生三子（开国、开勋、开臣），二世开臣生三子（月、顺、玉），三世汤玉生四子（有人、有义、有志、有刚）。四世汤有人公是大汤村的总老祖，四世汤有义公是小汤村的总老祖。有义生二子（瑞堂、崇堂），小汤村总体分为两大房，主要就是这两位老祖的后人。其中五世瑞堂生本栋，六世本栋生元宗，七世元宗生云海，八世云海生爱庭，九世爱庭生二子（珍芝、用芝），十世珍芝是汤德玉、德敏、增余这一系的老祖；十世用芝的后人主要集中在分路十口小汤村，包括了本村汤增长家也是属于这一支派。

村里另外一支排列如下：五世崇堂生本榜，六世本榜生元峰，七世元峰生四子（金海、林海、宽海、琉海），八世金海生五子（贵卿、启廷、君廷、荣廷、聚廷），九世贵卿生汝明，十世汝明生二子（巨良、万有），十一世巨良生三子（乃舟、乃成、乃瑶），巨良是汤盛俊、德云、德波，以及安王村汤盛法这一系的老祖。

今年春节过后，我父亲德波公和三爷德堂公前往十口小汤村，和该村的汤姓长者交流，表达了合修宗谱的愿望，目前合谱还是存在一定难度。理论上我们村应该先和大汤村合谱，现在看来只能等以后时机成熟再说。

三、后记

1.近两年加入了几个汤氏的宗族微信群，通过学习交流，对汤氏家族的历史渊源有了更加深入了解。特别是在"江苏句容汤氏家园分园"群里，学习了很多知识。据群主汤荣（怡）先生介绍，我们句容汤氏后裔，很大的可能是属于"殷"姓改为"汤"姓。

话说南唐宰相殷崇义（912—984），字德川，池州青阳人，唐末诗人殷文圭子。历事南唐中主和后主，官学士承旨、枢密使、左仆射、平章事，南唐亡国后入宋，授光禄卿等官职。初避宋宣祖赵弘殷名讳改姓"商"，又避宋太宗赵匡义讳而易名为"汤悦"。太平兴国三年（978），宋太宗命汤悦修《江表事迹》。

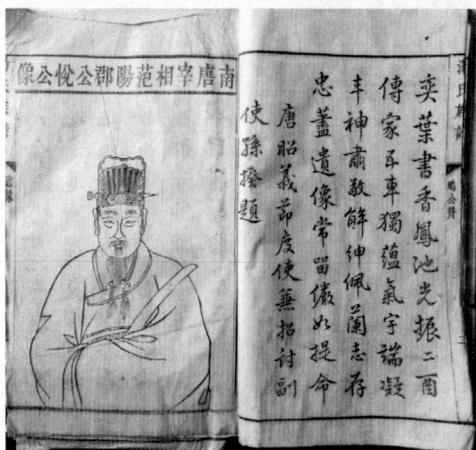

（南唐宰相汤悦公画像）

　　根据句容老谱《范阳汤氏世系》卷一记载：迁南始祖为殷文圭，殷文圭墓位于池州市贵池区梅街镇牌坊村，现为县级文保单位。殷文圭著有《后唐张崇修庐州外罗城记》，是合肥城建发展史上最为重要的文献。殷文圭生二世汤悦、汤净；汤悦生三世汤适、汤思；汤适生四世汤杲，汤思生四世汤举；汤杲生五世汤光璲，光璲为迁宏潭始祖，汤举生五世汤光佛，光佛为居白洋始祖。北宋末年，金兵入侵，酿成"靖康之变"的惨祸，原先居住在汴州的汤氏道亨公跟随宋高宗衣冠南渡，迁徙至江南句容，现句容有汤家边、殷家边等古村落。

　　前年清明，江苏句容的汤氏宗亲们，曾经邀请安徽这边的宗亲去当地寻根问祖，可惜当时我手头有事情，没能来得及前往，深感遗憾，希望以后有机会能去句容看看。

　　至于我们这一支汤氏，是否就是汤悦公的后裔，尚且有待商榷。

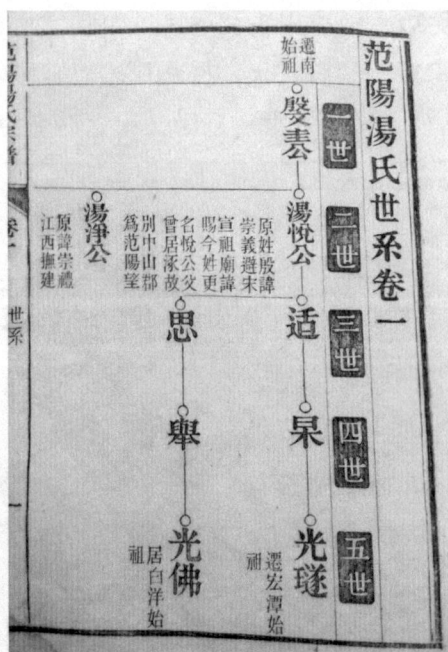

（《范阳汤氏宗谱》，以殷文圭公为一世祖）

2.关于始迁祖汤香农公由句容迁巢卜居地——花苗地，位于巢湖东黄山麓，现属夏阁镇元通村委会管辖，离夏阁镇5公里，群山环绕的一个小山村。2018年秋天我曾经路过该村，可惜来去匆匆，没来得及和当地老者们聊聊具体情况，只参观了当地的花苗地烈士陵园。2021年秋天我和父亲、次子汤义之再次来到花苗地村，走访当地村民，得知该村已经没有汤姓了，村民基本上都是清末从桐城、潜山迁徙而来的，所谓的"八大户"移民，他们说的是上江安庆方言，迥异于江淮地区的巢湖方言。

3.我曾翻阅过巢南槐林的《古巢汤氏宗谱》，该支也是从句容迁徙来巢，始迁祖为汤近泉，其辈分排行为：日秉延家道，永传世泽长。

又在柘皋镇五星村一带见《汤氏宗谱》，所记载的也是句容迁巢，始迁祖汤有源，其谱曰："公以讳显，明人，原籍句容，因避地渡江来巢，卜黄山之麓大陡涧东岗，乐业而居焉。自丙辰至癸亥，享年六十有八，卷首著有外传；祖母氏李，享年六十有二。生二世祖三：长通海、次通汉、三通河"。他们这支汤氏，和我族的祖居地很近，不知道是否同属一脉。

巢县柘皋汤氏，清代中叶出了数位著名诗人，包括汤懋纲、汤懋统、汤懋坤、汤振祖、汤扩祖、汤授祖等昆仲、父子，皆妙笔生花、文采斐然。我收藏一本民国版庐江陈诗主编的《庐州诗苑》，刊有汤氏诸贤的数篇诗作；另藏有民国版刘原道《居巢诗征》复印件，诗征中完整地保存了汤懋纲的《弈园诗集》，这几位汤氏先贤的著作，是值得深入挖掘研究的，希望将来有时间和精力，把汤懋纲的《弈园诗集》点校整理出来。另汤扩祖和皖派书法大家邓石如多有交往，一时传为佳话。

据族中老人所言，我们汤氏和柘皋汤氏本是一家，后由于家族内部事务产生矛盾纠纷，导致他们另立一派，独立出去。在民国老谱"阳宅考引"部分，有相关记载如下："立公后裔：芝麻嘴。地在柘皋北门外，离祠十里"；"功公后裔：柘皋西门。在关帝庙旁，离正祠西南十二里。小汤村。在柘皋西七里井刘家桥，正祠十七里。"以上内容，大概可以稍加佐证吧。

4. 我的家乡小汤村是个小村落，目前大概只有三十余户人家，人口约一百五十人，村中有田地二百余亩。四世汤有义公是我们村的始祖，他老人家当年是否在村里居住，也尚未可知。村中俗名"罗堂茔""岗头上"等处，曾经都有大坟茔，不知道这位老祖是否埋葬于此。村中除了汤姓，还有郑、王、徐、陈、沈等姓氏，基本上都是汤氏的姻亲，彼此见面，互称老表，祖祖辈辈，和谐相处。

由于我村地处江淮丘陵地带，在农业社会，三干二旱，全靠老天爷吃饭，日常的生产劳动，非常艰难，所幸村东南处有一口大塘，给下游的几个大冲田灌溉供水，带来很大的方便。村民吃苦耐劳，秉性坚韧，在周边村庄中有口皆碑，是出了名的"会做田"。近三十年来随着城市化浪潮的大发展，年轻人纷纷外出谋生，许多村民都在江浙、合肥、巢湖买房定居，乡村日益凋零，亦实属正常。

随着2011年巢湖大市的拆分，吾乡隶属于合肥市代管，当地经济发展状况有所改善。近年来，政府要打造所谓的"合巢产业新城"，涉及巢北柘皋、庙岗、苏湾、栏杆等乡镇的拆迁。经济发展当然是好事情，但是希望不要引进污染的企业，不能破坏生态环境。

据说村庄未来有可能被拆迁，邻近的小尹村等人口较少的村庄已被拆了——宅基地被改造成旱地。大部分村民并不希望村庄被拆迁，毕竟我们生于斯、长于斯，倘若从四世祖汤有义公算起，祖先们在这片故土上已经生活四五百年。村里的树木、老屋、水井、小庙，村外的田野、池塘、冈陵、先人的坟茔，都蕴含了中国人数千年的乡愁记忆，不能一拆了之。

5. 关于明代移民。吾邑巢湖，位于江淮之间，"奠淮右，阻江南"，历来是兵家必争之地。元末明初，天下动荡，战乱不宁，导致人口锐减。朱元璋登基后，为了缓和社会矛盾，恢复生产，"尝徙苏、松、嘉、湖、杭民之无田者四千余户，往耕临濠，给牛、种、车、粮，以资遣之，三年不征其税"（《明史·食货志一》）；"克平江（今苏州），执张士诚。十月乙巳，徙苏州富民实濠州"（《明太祖实录》卷26）；"（洪武二年春正月），复诏免畿内诸郡税粮，曰：朕自渡江，首克太平，定都建业，其应天、镇江、太平、宣城、广德实为京师辅翼之郡……其今年夏秋税粮并再免一年。其无为州今年税粮亦予蠲免。"（《明太祖实录》卷38）。这样，在国家行政引导、经济倾斜的合力推动下，整个江淮地区包括环巢湖流域，都充斥着巨大的移民浪潮。

我猜测当年的江苏句容，应该是苏南移民的中转站，类似于山西洪洞大槐树、苏州阊门这样的移民集散地，只是规模要略小吧。而合肥、安庆、桐城等地的明代移民，大部分来自江西饶州府瓦屑坝，江南宣城、徽州等地。句容的移民，则主要定居在巢湖北部、合肥东部、两淮等地，包括我的母亲曹氏，根据家谱记载，她们的家族也是来源于句容。

是为跋。

二十世裔孙汤增旭敬撰

2019 年 5 月 4 日

2022 年 5 月 21 日修改

八字口和花苗地

一、车过八字口

前年春天的时候，把巢湖苏湾乡下的老屋翻修了一番，粉刷四周墙面，做了堂屋的吊顶，厨房和卫生间也予以重新设计，又购置了崭新的家用电器，经过如此这般修整，老宅换新颜，居住环境大为改观。所以这两年每逢节假日闲暇的时候，都是从合肥返回农村小住，体验乡间的宁静生活。

今年的端午节放假三天，也是例行带妻儿回乡。两个孩子特别开心，用塑料小铲子在家中的院落里挖沙子，兴高采烈，玩得不亦乐乎；我则和父亲一道，用锄头把门口的杂草除去，给院内种植的枣树、桃树逐一修枝培土。

第二天中午饭后，休憩了片刻，准备开车返回合肥。感觉时间尚早，就想去东黄山八字口那边绕一圈看看。

我是巢北人，家乡周边的几条公路都跑过很多次，可是从八字口去巢湖的这条山路还真没走过。

从苏湾镇出发，沿着331省道，驱车十几分钟，就到了司集。司集早年称作油坊集，毗邻全椒古河镇，之前也是一个乡，现在已经和苏湾镇合并了。车到司集，不用进大街，直接右拐穿过方涂巷村，沿着新修的柏油路进山。马路两边林荫夹道，车子开起来特别舒适惬意。

　　方涂巷是个古老的村庄，村中到处散落着各种古建筑石构件，村民多为涂姓，相传为远古涂山氏的后裔。村旁的涂山，据说是大禹会盟诸侯、娶妻生子的地方，路边的广场上，矗立着高大的涂山娇汉白玉雕塑。有一次我听乡贤陈仲平大哥说起本地乡谚："涂一涂二涂三四，涂妈妈生了个夏皇帝。吃新米，挂涂牌，大雁不来小燕来"，颇感新奇，这段世代相传的谚语，讲述的就是圣母涂山娇生育、抚养夏启的远古往事。

　　方涂巷村刚过，山路的右手边就是大衕水库，好一片开阔的水面，青山绿水，山水相拥，真是好地方。俗话说"黄山三百六十洼，洼洼有人家"，山洼里面居住的人家，很多都是清末从安庆地区迁徙过来的，他们当年可能是为了躲避战乱，方才来到东黄山这片世外桃源。这里隐居的人们，说安庆话、唱家乡戏，一个个能歌善舞，是闻名遐迩的巢湖民歌重要源头。

　　沿着山路继续往南前行，东黄山虽不高大崔巍，但也连绵起伏、秀丽挺拔。时值夏日，山坡上各种树木花草葳蕤生长，山脚下当地农民种植着玉米、花生、苎麻、茶叶等经济作物，一眼望去郁郁葱葱，充满着旺盛的生命力。

　　继续开车约二十分钟，就抵达了八字口村。所谓的八字口，据说是因为村后有座牛颈山，山上有两条终年淙淙流淌的小涧，沿山麓的两侧流经村庄，在村中交汇后又并入夏阁河，小涧西侧可以直达法华庵，顺东则北到龙窝，形成一个"八"字形状，故而得名，如此解释倒也非常形象贴切。

　　八字口村现在隶属于夏阁镇，在二十世纪六七十年代曾经是巢县黄山公社的驻地，可以想象在这偏僻的东黄山腹地，当年这一带应该是热闹非凡的。村中马路边矗立的一长排老式平房，青砖灰瓦，估计是从前的公社办公用房。

　　把车子停放在新修建的八字口村委会大门口，我和家人下车，沿着村里的马路溜达一圈。这里天空湛蓝，绿树环绕，空气清新，深深呼吸一口，令人心旷神怡。

下午时分，街上人烟稀少，异样的宁静，一条大狗躺在树荫下假寐。我们盘桓、参观那些青灰色的老房子，用手机随手拍些相片，大院里一株山茶，肆意地盛开着鲜艳的红花，时光仿佛凝固一般。整个村庄、整个街巷，难得地保留着二十世纪七八十年代的历史痕迹。

村后的山上茂林修竹，小涧的溪水潺潺而下，一座石桥，静静地横跨在小溪上面。村中的几栋老宅，从底部到屋檐全部用石块垒砌而成，应该是就地取材，毕竟八字口漫山遍野都是山石；这在我们村子很少见到，我们村一般都是用石块砌墙打基础，只垒到一米高左右即止，石块上面再用红砖或者青砖盖屋。

在街上闲逛完毕，继续前行赶路。车子出了八字口村，地势就逐渐平坦起来，马路两边依然种植着茂密的大杨树，不远处的水田里，刚刚新插的秧苗，绿油油的一片，煞是好看。

八字口村往南十公里左右，就是西峰，西峰曾经也是一个乡镇，现在还保存着一些零零散散的商铺，敞着大门对外营业。这里是巢湖和含山县的分界处，旁边不远处就是含山姚庙乡，南宋初年，宋将姚兴父子，在这片山野里舍命抵抗金主完颜亮，不幸以身殉国、双双战死，为后续虞允文获取"采石大捷"赢得了战机。姚兴父子名垂青史，彪炳千古，后人为了纪念他们，在此地设庙宇祭奠，故而得名"姚公庙"。据说庙门口曾悬挂一副楹联："遗恨未能擒金主，论功应不下睢阳"，对联把姚兴比喻成唐代抵挡安禄山叛军南下、至死守卫睢阳城的张巡。

出了西峰到五星，五星过去是夏阁，夏阁上柘皋走高速，风驰电掣，一路回合肥。

二、寻访花苗地

倘若不走西峰小镇，而改为往西走"花苗地"，再上高速回合肥，这条乡村公路也是很通畅的。

秋天的时候，我就是走这条道路，顺道去寻访花苗地的。我们汤氏迁巢的鼻祖——汤永传（香农）公，明初从金陵句容迁徙到巢县，落脚的第一站，就是东黄山深处的"花苗地"村，这个村庄对汤氏家族而言，具有特别重要而亲切的意义。

从八字口往南行二公里，右拐向西，沿着005县道行驶大概五公里，就抵达"花苗地"村。村旁边的小山上，高耸着一座门楼，上面写着"花苗地烈士陵园"几个大字。陵园里立有好几处碑刻，根据碑刻的记载，这里安葬了"刘仁庵事件""五公庙战斗"中牺牲的革命烈士。

登上陵园最高处，举目远眺，正前方山峦起伏，草木郁郁苍苍。回想追忆我们汤氏的老祖们，五六百年前，就在这片土地上生存、繁衍，一代一代地往山外扩张、发脉，内心激荡，不由得感慨万端。只是天色渐晚，时间匆忙，没有去花苗地村，而是直接开车返回合肥。当时正值山区修路，一路上尘土飞扬。希望下次有机会再来花苗地，最好能和村里的老人家们聊聊天，看看能否寻找到汤氏老祖的坟茔所在地。

回合肥后，把《古巢汤氏宗谱》里记载的阳宅、阴基考引全部整理出来，这些都是非常珍贵的家族资料。也许，随着城市化进程的不断发展，这些古老的地名、村名，可能都将逐步地消失、湮灭吧。

（汤氏历代渊源世系图）

附　古巢汤氏阳宅、阴基考引

一、阳宅考引

前人创业维艰，后世之守成不易。显荣多隳于淫逸，富贵每耗于浮华，凡吾族众，当宜戒之。

我祖永传公隶籍句容，迁居巢邑，遍阅庄郊，至黄山地名花苗，见峰峦拱抱，泉甘土沃，知为发祥善地，卜筑于斯。迨至开公而下，世业既茂，盛德弥彰，代传二十世，丁男不下二千，子孙繁衍，居亦错焉。惟立图以考之，使后之按册而稽者，庶不没祖宗创垂之苦心，世世知凛凛而勿替，故不惜烦冗，将各分村名，开列于后。

立公后裔：

后汤村　系祠东一里，在石桥旁。

芝麻嘴　地在柘皋北门外，离祠十里。

星公后裔：

墩子村　地在包家坊西南，离祠八里。

秀公后裔：

白庙村　离祠西北十八里。

颜刘村　地在夏阁西，离祠三十里。

瓦子圩　旁有汤家小山，因名小汤村，后又迁居大汤村。地在本县城西十二里，离祠五十里。

蔡家岗　地在巢县西五里，离祠六十里。

后墩子　地在包家坊西，离祠八里。

汤家坝　地在合肥县东梁乡福旺集正东三里，离祠八十里。

文公后裔：

小赵村　地在接引庵西，离祠十里。

和公后裔：

土墩子　地在祠北一里。

北庄村　离祠西北里半。

龙潭湾　系无为州东门外三里，离祠一百五十里。

汤家岗　离祠北一里。

播罗王村　离祠北十五里。

功公后裔：

大汤村　即枣林岗，在正祠南半里。

金家冲　在正祠西南三里。

柘皋西门　在关帝庙旁，离正祠西南十二里。

小汤村　在柘皋西七里井刘家桥，离正祠十七里。

龙门岗　在正祠东北六里。

刘童村　在正祠北三十里。

月公后裔：

尖岗村　在界墩集东，离祠十七里。

碾庄村　离祠西北三里。

顺公后裔：

花苗地　系迁巢老住宅，离祠东南二十五里。

玉公后裔：

大汤村　在界墩集西南，离祠十五里。

仓头镇　系无为州，离正祠一百三十里。

小汤村　在界墩集西，离祠十六里。

小陇村　在石口集西，离祠十三里。

洼子汤　在正祠东南二里。

王祥村　离祠六里。

小吴村　离祠十里。

二、阴基考引

尝思水不浚其源，则流必竭；木不培其木，则枝必衰。我族户口渐繁，迁移靡定。先世坟茔星分布散，凡葬失其所，固无论已。近世所可悉者，倘不一一载明，能无有风雨摧崩、坍塌遗忘之患。今故细查登谱，俾后世子孙，知某地系某公之墓也，春秋祭祀，庶不至失其葬所焉。而各处地名详载于后。

历代阴基考：

象鼻山　即水竹洼内，汤家洼旁，泥鳅山形相似，故名。永传公妣与二世三公、公妣俱葬此，计坟七冢，计祭田六丘、稻场一面、石磙一条。在祠东二十五里。

48

九家坟　三世九公妣俱葬此，因名。计坟十八冢，在祠南一里。

老仙坟　传有仙人过此，故名，四世公妣均葬此。后世后葬者甚众，冢数未考。在祠南半里以上，系五代考。

场上老茔。

栎树茔。

潘家茔。

何石塘　以上四处后汤村茔。

马厂茔　在李子墩下四家分坟，离祠六里。

宅后老茔　纹珠公墓。

老人坟　在杜家宕而裕公墓。

本村后岗　而维公墓。

松树老茔。

马家屋后。

大方村前坟　系大庙西巨典公墓，离住宅十里，计坟五冢，计祭田三丘，计种二斗零，系破坝使水。

烟蛮岗。

面前岗。

谢家岗　在六安州火行庙东南。

老头坟　惠章公墓。

团塘堰　以上十二处系白庙村茔。

栎树坟　在瓦子圩宅旁，离颜刘村二十里。

汤家小山　庆泉公墓茔四周。

汤家山口下　在大汤村后枣儿岗，坟三冢，离祠五十里。

羊须山　在观音庵西侧。

东边老茔。

走时岗　系本宅来龙，约路一里。

湾棉田　离本宅一里。

赵家坝　地名小棉田。

官沟　以上九处，系瓦子圩并颜刘村茔。

高汤洼。

大路西。

湾棉地。

马厂岗。

枣树坟　以上五处系墩子村茔。

三板桥　坟六冢，在柘皋镇东头，离祠十里，亦系墩子村茔。

壁上灯地　系牛尾山仓公茔。

梅花地　即牛尾山继龙公墓，上下坟八冢。

双凤朝阳　即凤凰山下西涧旁，大泉、继志、盂盘三公墓，上下计坟十冢。茔下祭田三丘、王宅四、田一丘，计种三斗，每年租利归盂盘公后裔私执，以作祭费。

旧老茔　白庙村侧西，吴家东边，离福旺集住宅六十五里。

新老茔　离宅东老茔维新公墓，遗有祭田乙分，坐落南冲塘，大粮田四斗、民田四斗，均系本塘使水，亦归盂盘公后裔私收存公。

东山　宅东二里。

瓦庙岗　宅南二里，茔二处，冢未考。

西小岗　宅南一里，茔三处，冢数未考。

桥头岗　门首东南茔二处。

南山岗　离宅南二里，宗仁公墓。

余家铺　系南陵县界。以上十一处均汤家坝茔。

新塘岗　系宅北坟，五冢，离祠十二里。

小茔岗　宅西南坟，七冢，至祠十二里。

松岗头　系宅东坟，四冢，至祠十二里。

红枣岗　系宅东坟，十冢，至祠十三里内，茔四处。

老茔岗 系宅南坟，十一冢。以上均系小赵村茔。子云公葬碾庄后、太婆葬老茔岗。

庙子岗 坟未考，离祠二里。

土墩村西老茔 坟未考，离祠一里。

北庄宅西老茔 系碾庄村后老茔，二处，冢数未考，离祠二里。

北庄宅西茔 系门首坟，未考，离祠二里。

琵琶地 系无为州老茔，冢未考。祭田乙丘，种四升，旱地乙丘，离祠一里。

燕窝地 系宅后黄栎树，茔下坟未考，离祠一里。

陇子岗 坟未考，至祠十二里。

马鞍地 系宅东坟，未考。

蒲塘堰 系宅东坟，未考。

七家坟 离祠二里，冢未考。

湾塘堰 离祠二里，坟未考。

青苗岗 至祠二里，坟未考。

储家岗 坟三冢，至祠六里。

蟹脐地 系巢州南门外，至祠一百六十里，冢数未考。

西花疃 坟五冢，至祠一百三十。

南花疃 坟二冢，至祠一百三十。

王老功茔 系无为州东边，坟二冢，至祠一百四十里。

江狮桥 坟二冢，至祠一百四十里。

龙岗头 系凤凰山尾开城桥，坟未考，至祠一百八十里。

观音庵 系无为州南门外，地名镜子山，坟未考，至祠一百六十里。

雄家堰 坟未考，至祠一百六十里。以上二十处均系五分茔。

马厂岗 离祠五里，坟未考。

老坟岗　坟未考。

松柯茔　坟未考，离正祠五里，所遗祭田坐落东储村后，连二塘埂下，田二丘，种一斗四升，本塘使水。又获坟地一丘；又大汤村门首官秧田一丘，种乙斗六升；又早稻田乙丘，种八升；归七分大汤村祭祀之费。

来龙岗　系七分坟，未考。

罗堂岗　系七分坟，未考。

何石塘　系七分坟，未考，离祠二里。

飞鹅地　在正祠前，大汤村后，坟二冢。

菱角田茔　在前大汤村西北，坟四冢，在正祠前。

金家冲　系宅西坟，未考。万良公亦葬于此。公所遗祭田，坐落正祠西南金家冲，三英塘埂下一连七丘；又本塘东堰一连二丘，均系本塘使水；下塘堰、上塘堰麦田二丘，系本塘使水；有庙子岗旱地一连二丘、岗头上旱地一丘；又鸿家塘横田一丘，本塘使水；又大鹅岗方塘埂下尖田一丘，本塘使水；又漏塘埂下田一丘，本塘使水；又新塘下砖窑一口、公场基一面，共田十七丘，共计一担五斗，归七分支祠二清明祭祀之费。又支祠内祭田，坐落金家冲东、汤家大塘下第二路田一丘，种一斗八升；支祠后官棉田一丘，种一斗二升；支祠左小棉地一丘，种四升。

小鹅岗。

东储后茔。

六家茔。

大榆树老茔　在柘皋西，坟未考，至祠十五里。

老坟茔。

三新塘。

庙子岗。

上塘岗。

碾上岗。

双桥茔　系本县西，坟未考，离正祠六十。

栎树茔。

白衣庵茔　系柘皋西，茔未考，离正祠十五里。

北巳岗　坟未考。

高家塘堰　在柘皋西，坟未考，离祠十八。

龚家岗　系七里井南，坟未考。

太平庵　龙门岗，茔未考，至祠六里。以上均系七分茔。

界墩集东　老茔未考，离祠十五里。

尖岗茔　系宅前坟，未考，离祠十五里。

八角庙　系柘皋西，坟未考，离祠二十里。

庙子岗　系碾庄村前坟，未考，至祠三里。

何田埠茔　坟未考，至祠十五里。以上五处，均系三家
分茔。

老坟岗：在后大汤村前一里，系锐公公妣合葬于此，九分
三村，从此分支，离祠十五里。

栗山老茔　坟未考，至祠北十五里。

何家坝新茔　系心凤公墓，后坟未考。

枣树茔　坟未考，至祠十五里。

屋基地　系枣树茔上，先坟五冢，后未考，至祠十五里。

罗堂茔　在村东场上，坟未考，离祠十五里。

碾上茔　在碾旁边，离祠十五里。

磜子茔　在村北半里，坟未考，离祠十五里。

荷包塘堰茔　在村西南半里，坟未考，离祠十五里。

南面岗坟　在本村正南一里，坟未考，至祠十五里。

大棉田茔　在村后枣树下，坟未考，离祠十五里。

小葫芦田坟　在大棉田下，坟未考，至祠十五里。以上十
一处均系九分大汤村茔。

黄斗洼　坟未考，至祠三里。

长山嘴　坟未考，离祠三里。

马山脚　系宅旁坟，未考，离祠二里。

戴家山下坟　系张益孙村南坟，数冢，至祠西南十五里。
以上四处均系四子村茔。

宅旁老茔　坟数十冢，至祠十六里。

王大岗　坟十余冢，乾公等俱葬此，离祠十六里。

王宝冲　系廷彩公等俱葬此，离祠十余里。

考时坟　系盛仓公葬此，至祠十七里。

碳子坟　系兴三公俱葬此，下二冢老坟，至祠十六里。

场边坟　系俊士公俱葬此，至祠十六里。

草堂头　坟十余冢，离祠十六里。

墩子上　三处十余冢，庆三公等俱葬，至祠十六里。

双塘西　西学明同氏二冢，离祠十五里。

王家岗　在宅后，学斌公葬此，至祠十八里。

宅边坟　数冢，系永茂公葬此，离祠十余里。

王棉地　坟冢未考，离祠十六里。

老祠基地　系九分公地，在七分大汤村门首。

又老祠基地二处　一在九分大汤村前，一在大汤村东，均系合族公地。

注：汤氏宗祠，旧址位于东黄山腹地的石马山西北"小陡涧"旁。

（原刊于 2018 年 12 月 10 日"最忆是巢州"公众号）

巢北寻根之旅

　　巢湖北乡有一大片连绵起伏的群山，俗称之为东黄山，虽不如徽州黄山那般的高耸挺拔、蜚声海外，但也山青林秀、泉水甘冽，当地有谚语"黄山三百六十洼，洼洼有人家"，说的是这里的山洼特别多，在群山环抱的小块平地上，散落着星星点点的农家小院，如同世外桃源一般。

　　国庆放假回巢湖老家，闲暇无事，于是计划去东黄山的花苗地村转转。回想五六百年前，我们的老祖先汤永传（香农公），从金陵句容迁徙到巢县地界的时候，第一站就落脚在这个村庄。《古巢汤氏宗谱》所载："明初有讳，永传字香农公者，因避兵，由句容迁巢邑，卜于橐皋黄山之西麓，地名花苗，聚族而居之，遂占籍为巢邑人。"

　　大前年秋天，也是类似于今天这样一个落英缤纷的时节，我曾经和朋友路过花苗地村，那次时间比较仓促，只瞻仰了山岗上的花苗地烈士陵园，没能向村民咨询当地的汤姓状况，就匆匆返回合肥，所以心里还是颇有些遗憾的，一直想着能抽空再去花苗地村，从容寻访，打探一番。

　　车子沿着包坝公路疾驰，穿过包坊、太平庵、汪桥等巢北地区著名的村庄，从丘陵地带直达山区腹地。金秋十月的乡村，天高云淡，层林尽染，一派安详宁静的锦绣风景，车辆很快就抵达了花苗地烈士陵园。

（花苗地烈士陵园正门）

站在陵园广场的高岗上，极目远眺，夕阳透过薄薄的云层，火红的云霞照耀着这一带的山岭、田冲，非常壮美。花苗地烈士陵园依山而建，大门两侧竖立着"巢湖市不可移动文物""巢湖市爱国主义教育基地"两块黑色石碑，这里长眠着数十位牺牲的抗日新四军指战员。陵园前面山脚下新修了个小小的广场，我沿着广场往上走了几步，拍了几张陵园高大肃穆的门头，就没有继续攀登，和父亲一道徒步走进花苗地村庄。

刚刚进入村中，农村的土狗们一起狂吠起来，颇让人心惊，随手捡得一个树棍捉着，以备不测。整个村庄也是依着山丘而建，层层叠叠，有新盖没多久的敞亮二层洋楼，也有八九十年代的青砖大瓦房，村中人烟稀少，感觉比较萧条。正好见到一位中年大姐在院子里摘菜，于是就上前询问起来，问她现在村中可有姓汤的人家。大姐一开口说话就是安庆腔调，我立马明白了，她们应该是潜山、桐城的移民，果不其然，大姐说她姓徐，爹爹的爹爹那一辈从桐城过来的，说花苗地村现在有四个（生产）队，她们是二队的，整个队上没听说有姓汤的村民，可能小冲村那边有。我听了略有伤感，应该是咸丰年间太平天国运动波及此地，这一带的明代移民汤氏人家，要么毁于战火，要么搬迁到他处，汤姓的祖居地——花苗地村，反而让给安庆的清代移民了。根据我们家谱记载，咸丰"粤乱"期间，巢县夏阁颜刘村的万全公、廷魁公被掳掠而去，不知所终；廷荣公"跑反"到了岗山王村，为保全汤氏族谱也被杀害了。没办法，历史轮回，时代变迁，岂非人力所能掌控的。

沿着徐大姐指引的乡村小路缓缓而行，很快就到了小冲村。在村口遇到一位扛着锄头的胡姓大哥，这位胡大哥也是一样的安庆口音，说他们村没有姓汤的，西南方向下汤水库那边的村庄才有汤姓，他们小冲村都是来自桐城"老母猪gai"（估计应该是老梅树街），当年他们祖先八户人家一道迁徙过来——所谓的"八大户"，陆续散居在这附近的山洼之间，现在村民们和安庆原家族都保持着联系，各家的家谱均已修葺一新，这一带相当于是安庆在巢北的一块"飞地"了。想我东黄山真是一块神奇肥沃的土地，养育了一代代的外来移民。倘能悉心考察东黄山地区的明代句容移民，和清代咸丰、同治安庆移民的交替变迁过程，应该是非常有意义的事情，是值得深入挖掘研究的历史和地理文化课题。

巢湖位于江淮之间，历来是兵家必争之地。元末明初，江淮动荡，战乱不宁，导致人口锐减。朱元璋登基后，为了缓和社会矛盾，恢复生产，从江南富庶之地往江淮地区移民，我们的汤氏祖先，应该就是在这种大的社会背景下，从句容迁徙到巢北东黄山的。

站在村口的道路旁，内心感慨万端，此时斜阳西陲，山村、池塘、田野、阡陌被笼罩在一片金黄色的柔光之中。遥想汤家的先祖们，披荆斩棘、跋山涉水，从遥远的江南一路逶迤而来，当他们抵达这一片丰美俊秀的群山，这重峦叠嶂的风景和故乡句容的山水，应该是何其相似的吧。"哈哈，行，就是这里了，这儿就是我们新的家园"，我猜想领头的先祖，应该就是如此这般满怀欣喜地决定了的吧。筚路蓝缕、白云苍狗，转眼间几百年的时光就这么匆匆而过。

　　眼见寻觅无望，天色渐晚，遂调转车头，沿着005县道往东继续行驶。沿途暮色低垂，山高林密，山路上几无车辆行人，一路通畅，傍晚六点多，顺利抵达我们苏湾镇，从出发到终点，相当于围着东黄山的北麓环绕了一个椭圆形，蛮好的旅程。于是从街边的卤菜摊子上买了几只咸肫、半只烤鸭，晚上陪老父亲在家里小酌一杯，享受乡村假日的悠闲时光。

　　　　　　　　　（原刊于2021年10月18日《市场星报》）

一份59年前的《巢县日报》

承蒙朱大哥惠让，转给我一份59年前的《巢县日报》，据他所言是前天早上从书市所淘的。由于时光久远，有关老巢县的文献材料在民间流传下来的很少，所以这份《巢县日报》颇显珍贵，现把这份报纸的内容作简单描述，以飨各位朋友。

（1959年10月2日《巢县日报》）

这份《巢县日报》，是1959年10月2日发行的，第326期，距今正好是59年前。当时恰逢中华人民共和国成立十周年，因此这一期都是围绕国庆这个核心主题，来精心编辑排版的。

如图所示，本期的《巢县日报》套红发行，一共四版，整体的版面显得喜庆而简洁。头版的正中央，是毛泽东主席、刘少奇主席的大幅相片，两位领袖同框并列，当时刘少奇担任中华人民共和国主席和国防委员会主席。

鉴于是建国十年大典，各种庆典仪式非常隆重，全世界八十多个国家的领导人来访，特别是苏联领导人赫鲁晓夫同志率领代表团，应邀参加了北京的庆祝活动，这个重要国事活动同样刊登在第一版。

第一版除了这几条重要的新闻之外，其他刊发的都是我们巢县本地的消息。比如《巢城两万多人集会游行欢庆建国十周年》，记录了当时庆祝国庆大会的宏大场面："会场布置庄严、隆重，主席台正中悬挂着我们伟大的领袖毛泽东主席画像，两旁张贴着横幅标语，上书：鼓足干劲、力争上游、多快好省地建设社会主义；为在今年完成第二个五年计划主要指标而奋斗。"七点三十分，庆祝大会正式开始，"会上，中共巢县县委书记、巢县县长郑樵民同志，作了节日讲话，总结了我县十年来各项事业的伟大辉煌成就"。

会议完毕，"由二万一千多人组成的游行队伍，浩浩荡荡通过主席台"，走在前面的是民兵大队，他们抬着"劳武结合，全民皆兵"的标语，口里喊着"一定要解放台湾"的口号；然后少先队员、工人大队、农民大队接踵而至，由郊区两千多名社员组成的农民大队，在"人民公社好"的歌声中，跟随着拖拉机穿过主席台；银屏公社望城管理区社员还抬着新农村规划模型。文卫大队由三百多个年轻姑娘，组成"藤圈舞""水浮莲舞""十二月梳"等舞蹈形式，姑娘们盛装出席，翩翩起舞。健美的运动员和数千学生充满青春活力，他们高呼"教育为生产服务""教育为政治服务"的响亮口号，逐一通过广场主席台。游行直到中午十二时结束。"入夜，巢城更加沸腾起来，卧牛公园，举行了盛大的游园晚会"，直到深夜，全城依然灯火通明，人声沸腾。

第二版的抬头，写的是"飞向工业化"大标题，主要介绍巢县工业企业的发展情况。署名周本源的记者，撰写《我县地方工业十年大飞跃》一文，文章首先说解放前巢县工业基础非常薄弱，截止到1948年的年底，仅有一个私营电灯公司、两个私营垄坊、三五家小煤窑和一部分机坊，全部工人和手工业从业人员不足五百人。建国之后，经过十年的蓬勃发展，我们巢县的工业在电力、原煤、棉布、钢铁、焦炭、耐火砖、水泥、化肥、机床、轴承、轧花等行业方面，都取得辉煌成就，截止到1959年8月份，全县已经完成总产值3183万元，真可谓是成绩斐然。

第二版还有两篇文章，分别是《烔炀公社社办工业蒸蒸日上》《柘皋造纸厂日益发展壮大》，详细描绘了这两个大镇当时的工业发展情况。柘皋和烔炀均是我巢千年古镇，明清以降，人文荟萃，商业繁荣，人口众多，至今依然是长盛不衰。

第三版主要介绍的是巢县纺织工业。从1952年开始，政府将分散在各地的自纺、自织手工业者，组织成"巢城爱国棉织社"，到了1958年，在棉织社的基础上组建地方国营棉纺厂，同时还在棉产区烔炀、黄麓两个公社，建立两座小型电力纺织厂。文章配发了烔炀电力纺织厂的图片，图文并茂，难得一见。

这一版还刊有《亚父公社土化肥厂遍地开花》，"队队办厂，就地施用"，亚父化肥厂生产的肥料，有力地支援了当地的农业生产建设。另外詹学文采写的《工业战线上的好汉》，报道巢县农机厂铸造车间刘昌满同志的先进事迹，刘昌满出身贫寒，解放后参加铁器合作社当工人，刻苦钻研技术，在巢县农机厂工作期间，研制大型龙门刨床、侧床、四号冲床、牛头刨床等多种产品，被评为全厂一等先进生产者，光荣出席县工交积极分子大会。

　　第四版的文章，主要刊登该报记者集体采写的《狂欢的巢城》，文章分别由这几个标题段落组成，包括：万民欢腾、让好消息传得更快、美好的未来、祖国山河铁打成、为了生产忙、两个时代的两代人、老人越活越年轻、山城乐陶陶等内容。总之，全文用欢快愉悦的笔调，通过对社会各阶层方方面面的描写，充分展现了巢县全体人民，载歌载舞，欢度国庆的美好生活状况。

　　阅读这份59年前的《巢县日报》，通篇洋溢着真挚的喜悦之情，一派盛世繁荣景象。

（2018 年 10 月 5 日）

雨天的杏花公园

夏日，暮雨潇潇。

黄昏时分，一时心血来潮，喊儿子一道去杏花公园散步，于是随性穿了双塑料凉拖鞋，撑着雨伞，下楼出门，踽踽而行。被雨水冲刷一新的路边，孤零零地散落着几片树叶，雨水浸过凉鞋溅在脚上，十分的清凉舒畅。

（杏花公园大门）

沿着淮河西路，穿过蒙城路口，走十分钟，就抵达杏花公园南门。进入公园，映入眼帘的是雄伟的罗炳辉将军雕塑，将军骑着高头大马，目光坚毅，眺望远方，基座正面是周恩来总理题词"人民的功臣罗炳辉"。罗将军云南彝良人，戎马一生，抗战期间率领新四军转战皖东，立下赫赫战功。这尊雕像于1987年铸造落成，原先是矗立在合肥卫岗的街心公园，后由于城市建设改造，方才迁至杏花公园，给这里增添了一处新的人文景点。

父子俩一路向前，登上公园西侧的小拱桥，但见河道水位高企，河水翻滚着旋涡急速往下游流淌，叶瓣碧绿的睡莲，拥抱成团，在流水中犹自岿然不动。

走到曾经的三国古战场藏舟浦和筝笛浦，站在回廊上观景，天色阴沉，雨点密集地洒落进在辽阔的湖面，大珠小珠落玉盘，激起的涟漪此起彼伏，岸旁的接天莲叶成群结队，粉色、白色的荷花高擎其中，星星点点地正在肆意盛开，雨珠在硕大的荷叶里随风摇晃，煞是好看。面对此情此景，儿子不禁咏诵起他们刚刚学过的课文《爱莲说》："自李唐来，世人甚爱牡丹。予独爱莲之出淤泥而不染，濯清涟而不妖。"

（筝笛浦）

雨越下越大，公园柏油马路两侧涌动着大量雨水，夹带着从上游冲刷下来的泥土，形成一条条黄色的小溪，急刷刷地汇入湖中。

衣衫微湿，但兴致颇高，和儿子继续沿着湖畔散步，听他讲述一些校园趣事。小伙子上初二了，个头已经比我略高，真正的青葱少年，帅气阳光，进入青春期之后，孩子不太愿意和家长聊天，今天这样心无旁骛的交流时光显得格外珍贵。我之所以带着孩子冒雨来游园，是希望他能走出书斋，欣赏大自然不同状态下的美景，用细腻的心灵感悟生活，丰富自己的内心世界。

回想起我在乡下度过的童年，这样的雨天，忙碌劳作的农人一般会在家休憩，诗人叶延滨说，乡亲们最好的享受就是美美地睡一觉。而我们这些半大孩子，傍晚时分牵着耕牛，撑着竹篾大伞，随手携带书本，去河湾一边放牛一边背书，那细雨蒙蒙的天空，绿草柔茸的大地，构成一幅晴耕雨读的美好乡村画卷。

犹记得少年时代，在江城芜湖念书，从校门口的吉和街到长江边，纵横交错着好几条清清爽爽的小街巷，小巷都有着古朴的名字，比如"万字里""临青里""利济巷"等，这些普通甚至略显衰败的街巷其实大有来头，比如"利济巷"谐音"李记"，得名于从事内河航运业务的利济公司，而该公司则是李鸿章长子李经方家族——李漱兰堂所辖的产业。小巷寂静绵长，滑溜溜的石板路散发着幽光，两旁屹立着二三层的低矮木楼，灰砖黛瓦，是典型的徽派建筑风格。每当雨天得闲，我和同学们相约去长江边游玩，穿行在这些历经百年沧桑的雨巷，脑海里总会浮现出戴望舒的诗句，想起那个像丁香一样的姑娘，散发着丁香一般的迷人芬芳。

时光匆匆，转眼间人到中年，琐事缠身，岁月磨砺，早已不复少年时代的浪漫和多愁善感。南宋蒋捷在《虞美人》里用听雨描述了人生三个阶段："少年听雨歌楼上，红烛昏罗帐。壮年听雨客舟中，江阔云低、断雁叫西风。而今听雨僧庐下，鬓已星星也"，颇为暗合当下的真实心境。

雨声渐稀，伫立湖畔，眺望着绿树环绕的一泓碧水，收起纷扰飘散的思绪，遂和儿子打道回府，结束今天的雨中漫步。

（原刊于 2023 年 1 月 1 日"同步阅读书"公众号）

黄麓镇半日游

黄麓是巢邑的大镇，雄踞巢湖半岛腹地；望文生义，由于地处于西黄山之麓，故而得名黄麓的吧。让黄麓真正声名远扬的主要还是这里拥有一所百年名校——张治中先生亲手创办的黄麓师范学校，该校当之无愧是吾乡最负盛名的学府。

黄麓师范我只在两年前去过一次，那次是陪同张老师去学校参观，时值暮春初夏，处处风和日丽，非常适宜出城踏青郊游。

当天两人沿着环湖大道驱车而行，路过长临河镇的"长宁寺"，遂停车进寺观瞻。该寺的大殿僧寮，基本都是近几年修葺的，只有一些柱础、石鼓是老物件。寺院住持师父法号释智心，见有客来访，便热情招呼，向我们介绍寺院的历史以及重建的艰难过程。据说该寺最早兴建于三国东吴赤乌年间，后屡遭兵火，屡毁屡建。改革开放以后，经智心师父多年奔走呼吁，四方信众纷纷慷慨解囊捐资，长宁寺又重新焕发佛光，寺院规模初见成效，法相日益庄严，确实是非常不容易。

开车继续前行，很快抵达洪家疃村的黄麓师范学校。校团委的丁老师接待我们两人，带领我们游览校园，丁君热情开朗，年纪约莫三十岁，仪表堂堂，平时在学校教授语文，还兼任班主任，教学事务应该是很忙碌的。

从大门口一进学校，正中央矗立着张治中将军的高大汉白玉雕像。校区里绿树成荫，校舍井然，建于二十世纪三十年代的"桂翁堂""科学馆"等老建筑依然在使用，莘莘学子，穿梭其间，活脱脱的一副民国校园风情。

众所周知黄麓师范是由著名爱国将领张治中先生创办的，1928年张先生先是捐资修建黄麓小学，后于1933年扩建为黄麓简易乡村师范学校，是当时乡村教育的楷模，号称"南有晓庄，北有黄麓"，虽历经战乱播迁，近百年时间里依然为全省各地培养了大量教育人才。

少年时代在老家念书的时候，学校很多老师都是黄麓师范毕业的学子。当时谁家的孩子要是考上了黄麓师范，毋庸置疑是一件特别光宗耀祖的盛事。只是近年来乡村人口日益凋敝，愿意读师范的年轻人锐减，黄麓师范学校办学的历程几经辗转，至今尚在不断地整合、变革、求新、突破。作为巢湖本地人，发自内心希望这座拥有辉煌历史的名校，能够继续继承发扬文脉，一代代地薪火相传，方能不辜负张治中、杨效春诸位先生早年筚路蓝缕的心血。

（黄麓师范学院大礼堂旧貌）

黄麓师范学校参观完毕，又去镇上一个叫作"军徐"的古村落。我们巢湖流域的村庄，凡是村名带有"军"字的，基本上都是明代军屯的遗迹，是军户。所谓的军户，就是明初统治者为了保证国家兵役、田赋的收入，把全国的老百姓划分为民户、军户、匠户等种类，军户实际上是一种特殊的征兵徭役形式，其居住的村庄一般都经过官府的统一规划设计。除了军徐村之外，周边还有军蒯、军王、军蒋等村庄，都是类似情况。不仅仅是明代这样安置外来移民，其他的历朝历代，江淮地区都是重要的军事化屯田区域。

我们进入军徐村，首先见到村中一口当家大水塘，波光粼粼，岸边遍植垂柳，村里的几条小巷，皆修有水渠暗沟，直接排水汇入此塘，这是个典型的"九龙攒珠"村落。

水塘旁边，半弧形围绕着十余栋民居老宅，总体保存得尚且完整。听村里的老人们说，他们村基本上都是徐姓，先祖和众多的巢湖地区移民一样，是明初从江西迁徙过来的。军徐村钟灵毓秀，经过数百年的繁衍发展，到了近代英才辈出，涌现出美国"一代船王"徐经方、"国医大师"徐经世、中国科学院院士徐克勤等杰出人物。

村中这些土坯墙基的房屋，据说是先祖们当年所建盖，推算起来，应该有百年历史。这些巷道、老宅，正房、房檐、庭院、门窗，都是旧物，那种悠长时光保存下来的历史韵味，让人浮想联翩。几乎每栋老宅大门边的墙壁上，还张贴保存着"文革"期间的标语，殊为难得。部分老屋可能是久无人居，坍塌毁坏严重，一些雕花精美的老式家具，随意丢弃在老宅院落之中，任凭风吹雨淋，其间的断壁残垣，令人叹息伤感。当年徐氏祖先们跋山涉水，从遥远的江西鄱阳瓦屑坝，迁徙到巢湖北岸定居，其中的艰辛苦难，毋庸言表，而这些荒弃的老宅、家具，如今被弃之如敝屣，确实让人深感无奈。

转眼之间日落黄昏，和张老师在黄麓镇上吃罢晚饭，驱车返回合肥。途经青阳山——元末余忠宣公曾在此山隐居读书，但见一轮明月高悬空中，山色如黛，四周寂然，唯有蛙声一片，显得整个世界愈发宁静悠长。

真是温润美好的春夜。

（原刊于 2019 年 3 月 18 日"最忆是巢州"公众号）

合肥花冲公园早市

　　天刚放晴，从家出发，扫一辆共享单车，沿着定远路骑十分钟到花冲公园，来逛逛早市。夏天到了，虽是早上，天气已经非常炎热，好在古玩摊位和旧书摊位都位于树荫底下，公园里面大树高耸、绿树成群，遮阴效果不错，总体感觉还是微有凉意的。

　　穿过花冲大门口熙熙攘攘的狗市，进入古旧市场，随手胡乱拍了几张相片。可能是我最近每周都过来，地摊上没有特别新鲜的东西，古玩还是那些古玩，旧书还是那些旧书，没啥东西能真正入眼的。

一

　　随手花了5块钱，在旧书摊位上买了三本书，价格真是便宜。其中《大别山二野军政大学安徽省校史研究会丛书之二》，刊登的都是老革命、老干部的回忆文章，刊名"大别山"三个字，是由合肥老书记郑锐题词的。郑老20世纪七十年代末八十年代初，曾担任合肥市委书记，在老百姓中享有良好的口碑，那时候国家刚刚拨乱反正，很多人包括一大批知识分子得以重生，所以老合肥人非常感激他。

　　二野战绩不错，刘邓千里挺进大别山，1948年开始配合三野，投身于血流漂橹的淮海大战，接着又是渡江、解放大西南，多年南征北战，确实是立下了汗马功劳。书中的《安徽省校史研究会理事名单》里，有几位老先生的名字还是耳熟能详的，在那样腥风血雨的斗争中能存活下来，本身就是奇迹。正所谓一将成名万骨枯，最可怜的是那些牺牲了的有名、无名普通战士。无论怎么样，作为生活在和平年代的普通人，都希望这样残酷的战争——特别是内战，在中国的土地上千万别再发生了。

第二本书叫《铁骑魔影录》，作者胡鼎是安徽黄山人。老先生1925年生人，1946年参军，1948年入党，后来分别在皖南党校、省委党校、省建设厅等单位供职。本书主要反映了日本侵略者和汪伪政权在安徽地区的残酷统治，记录了安徽芜湖、合肥、安庆、淮南各地的沦陷情况和日军暴行等，具备较高的史料参考价值。第三本书叫《与您同行》，主要也是新四军老干部的文集合集，回忆录、散文、诗歌皆有，内容一般，聊可一读。还行，三本书才5块钱，物有所值。

（合肥花冲公园旧书市场）

二

正在市场闲逛,遇到一位熟人老哥,老哥是肥东西山驿人,长期跑乡下一线铲地皮,偶尔也在花冲公园摆摊。寒暄闲聊了几句,老哥说,要不到我家坐坐?正好收了几张肥东的地契文书,转让给你得了。我一听心花怒放,立马跟着他一道扭头就走,在花冲公园大门扫了一辆单车,他骑电瓶车朝前,我紧随其后,摇摇晃晃地骑着去他家。

老哥家住在花冲公园东南方向的一个巷子里,骑车也就七八分钟时间,自建的三层楼,有个小四合院子,名副其实的城中村"大别墅",除了自住之外,多余的房间租给其他房客以赚取租金。

四合院子的地面拐角处,七七八八地堆放着十来个石柱础,应该都是明清民国的老东西,有几个品相完整,雕花精美。老哥打开库房,让我入内参观。库房大概有一百多平方米,藏品非常丰富,就是摆放得稍显凌乱,我粗略看了一眼,主要是各种老式门窗、木器、大秤、陶瓷、石雕以及一些民俗物品,其中有几尊石头将军菩萨,比较有本地特色。所谓的"将军菩萨",据说是元代江淮地区的蒙古人或者党项人首领;也有说是村民出于对家族祖先的崇拜,故而雕刻祖先的形象加以祭奠,到底是哪种说法才是准确的,一时之间很难有定论,尚有待专家学者们继续考证研究。

我逐一观察这些石像,其高度基本上都是七八十厘米的样子。但见这位将军长帽及肩,双手交叉握斧,其外观穿着打扮,一眼望去就迥异于汉家儿郎,应该是蒙古族武士吧。旁边另外的一尊将军,线条刻画得非常清晰,头戴冲天冠,面如圆盘,一身戎装,体型俊朗。

（"鱼神"将军菩萨）

　　库房右边又有两位将军，头戴金盔，手持宝剑，长须飘飘，金刚怒目，特别是他身穿的铠甲，一片一片的鱼鳞（龙鳞）纹饰，应该是鱼神（龙神）造像，整体风格特别传神。另外的将军左手叉腰，右手高高举起战斧，不怒自威，鱼形铠甲雕刻得简洁明快。

　　听老哥介绍，他所收藏的几尊将军像，大部分都是从肥东长临河地区征集而来，这些村庄位于南淝河和巢湖之畔，这些将军菩萨应该都是属于"湖神""鱼神""龙神"之类。沿岸的渔民，在出湖打鱼的时候，无非就是期望能有个好的收获，能年年有鱼；同时祈求湖里的龙神保佑，打鱼的时候湖面风平浪静，不要狂风巨浪，确保渔船可以安全返航。有个朋友说，他见过肥东浮槎山那边的将军菩萨造像，还有斜背着猎枪的，这将军是准备去打猎的吧。正所谓靠山吃山、靠水吃水，这些雕塑无疑都寄托着当地百姓的诸多美好愿望。

　　还有一尊菩萨，由于堆放在库房角落，被其他物品遮挡了，看得不是很清楚，通过服饰打扮，特别是帽子两侧的长翅，隐约感觉是位文官，这种文官的造型不太常见。还有一尊石雕像，我刚开始看不明白图案，老哥说是姜太公钓鱼，这样一解释果然非常形象。另外有一尊菩萨的佛首，被供奉在长条案之上，造型古拙，虽然风化得比较严重，眉目之间还是清晰可辨的。

（元朝武士造型的将军菩萨）

近两年来，合肥开始大规模城市建设，打造大湖名城，重点发展滨湖新区，取得了不同凡响的成就。但是南淝河以及环巢湖沿岸，大量古村落被拆迁殆尽，包括这些村庄曾经的守护神——将军菩萨们，被迫离开了当初矗立的田间村头，有的流落古玩市场被买卖收藏，有的在挖掘机下被人为损毁，此情此景，也只能是徒唤奈何。

（"鱼神"将军菩萨）

三

　　很开心从老哥家里淘到十几份肥东（合肥东乡）的地契文书，土黄色宣纸，品相一般般，皱巴巴的，江淮地区不比徽州，老物件特别是纸品特别少，能顺利保存下来就算不错的。这批肥东地契资料，应该都是长乐区临河乡四合村余氏家族的。首先是分家遗嘱："立遗嘱之人余章荣，情因年老衰迈，以免后日纠缠，遂将家中一切交付两子自立"，把家产田产逐一登记完毕，再分给两个儿子余华康和余华泰，立遗嘱时间是民国二十六年古历八月二十六日，也就是1937年，当时日本已经全面侵华，只不过暂时还没打到合肥这边来。

　　其他几张地契，都是余华康购买族人田产的文书凭证，一定程度上见证了余华康家的经济实力在不断地提升，也反映了抗战结束后的几年时间，合肥东部乡村土地兼并买卖较为频繁。

一张是民国三十五年（1946）的地契，余章升把田卖给堂侄余华康，价格是两万元，具体内容如下："立杜卖民田契人余章升，情因正用不足，夫妻嫡议，愿将西圩田一丘，约水种一斗，此田赵涵使水，沟路步墩渠口，悉照古制，凭中说合，立契出卖与堂侄华康名下，子孙永远为业，过手耕种。当日三面言明，时值时价国币两万元整……凭中人：余章魁、余开文、章锦、章萃、章法、章品"。

到了民国三十七年（1948）古历十二月初四，邓士诚兄弟把刘塘下西边长田一斗五升、圩外长田一斗五升，合计三斗水田卖给余华康，时值金圆券伍佰圆整，并且言明"此券比即契下亲手收讫，分文不欠。既卖之后，听从买主执业耕种，过割完纳，系是双方情愿，并不勉强，日后各无异说。空口无凭，立此杜卖契，子孙永远为执。"通过上述两份地契的内容，可以看出1946年老百姓使用国币（法币）交易，而到了1948年底，合肥地区主要流通的货币已经是金圆券了。

所谓的金圆券，是民国政府为支撑其崩溃局面而发行的一种本位货币，1948年8月18日，国府下令实行币制改革，以金圆券取代法币，强制将黄金、白银和外币兑换为金圆券。但由于滥发造成恶性通货膨胀，大量百姓因此而破产，导致民心大失，金圆券至1949年7月份方才停止流通。

另外还有两张地契，买主、卖主双方都是相同的，只是交易时间不同。其中一张是农历己丑年十二月二十一日，也就是腊月底、马上要过年——阳历应该是1950年元旦之后，当时合肥解放已经有一年时间了（合肥是1949年1月21日解放），村民余华龙把水田七升半卖给其堂兄余华康，时值米七斗，七斗相当于现在的87.5斤，可以看出当时米价还是很昂贵的，用大米交易而不是使用货币，说明粮食永远都是硬通货。另一张是农历庚寅年五月初七所立，相当于阳历1950年6月下旬，虽然新旧政权业已鼎革，传统乡村在地契上还在继续使用旧时的纪年方式，某种程度上反映了当时社会讯息的闭塞，其内容如下："立杜卖民田契人余华龙，今因正用不足，夫妇父子嘀议，愿将舍后祖遗长棉地西半丘约水种七升，丰弓口在册七折，田系欧荡大塘使水，沟路埠墩块，悉照古制，当日凭中说合，立契出卖与族内华康名下，子孙永远为业，此田凭中时年时值食米壹担玖斗正，当日清手收讫，分文不欠。此田是双方情愿，并非勉强成交，恐后无凭，立此杜卖契，永远存照"。我们后人站在上帝视角来看，这时候余华康购买田产的行为，显然是非常不明智的。

据《合肥通史·第五卷·当代》所载，合肥地区的土改运动从1950年9月开始到1952年春，历经一年多时间圆满完成，取得了重大历史胜利。包括余华康所居住的肥东县在内，全国大部分农村都重新划分了田产，很多地主富农的土地被分给贫困无地农民。这批地契文书里包含两张皖北区肥东县长乐区临河乡四合村余华康和他父亲余章荣家的土地房产所有证，记载了他们家房屋、土地面积等等详细内容，应该都是重新征收再分配的，证书中间是时任肥东县县长晏兴堂的印刷签名，颁发的日期是1952年。当年的8月7日，皖北人民行政公署与皖南人民行政公署合并，成立安徽省，估计这张证书颁发的时候，安徽省还没成立或者即将成立，所以抬头继续使用"皖北区"字样。

最后又从老哥家里淘得两个民国粉彩小碟子，底款"徐义茂号、陈福昌造"，普通的东西，价格比较优惠，哈哈。临近中午，天气逐渐炎热，遂和老哥拱手告别，继续骑单车回家吃午饭。

话说这位老哥最牛的捡漏，是曾经从一堆普通宋钱里面，挑出一枚古钱大珍靖康通宝折二正样，这样的人生际遇，真的是可遇不可求。

（2017年5月28日）

颍淮"小香港",千年洄溜集

其实吧,皖北秋天的风景真是蛮好的,举目四望,到处都种植着郁郁葱葱的花卉树木,早已不是之前想象中的荒芜,只是由于前天夜里下了一场小雨,清晨的天空才弥漫着淡淡的雾色,让人略有萧瑟之感。

中巴车奔驰在这片人文沉淀深厚的大地上,穿过那些迥异于皖南的乡村、田野、阡陌、河流,沿着蜿蜒曲折的乡村公路,突突突地开到一处人烟稠密的集镇,司机师傅停好车后大声地说:"到了!"嗯,到了,洄溜集到了,阜阳城的洄溜集到了。

一、老街

我们走在洄溜集的老街上,老街的破败程度令人感慨,青石板路两旁的角落里散落着残砖碎瓦,四周杂草丛生,几栋老房子孤零零地矗立在街边,寥无人烟。

老街据说始建于清代初期,当年整个洄溜集应该都是店铺林立、车水马龙的,这个因水而兴又因水而衰的古镇,依托着颍河得天独厚的水运资源,在漫长的岁月里大放光彩,河南皖北生长的麦豆粮食作物、大别山区出产的茶叶竹木山货、江南的丝绸陶瓷工艺等,都汇聚在此买卖交易,洄溜集当之无愧是颍河流域的商品集散中心。

然而,随着二十世纪三四十年代水灾的不断泛滥,加上近现代交通运输方式的迭代更替，古镇的地理区域地位江河日下，这颗颍河湖畔曾经的璀璨明珠，终也缓慢地黯淡失色了。

随着时光的流逝、岁月的变迁，洄溜集老街的居民逐步地搬迁离开，失去人气的老街，也随之日益凋零，任凭时光雨打风吹，以至于到了这般残破不堪的境地。好在老街的灵魂还在，老街的灵魂，就是至今还保留着一条长长的青石板路，原汁原味的石板路——不像某些人为打造的"老街"，从别处花高价购买青石板，再一铺了事。当地为了确保路人行走的安全，干部和村民还把石板撬起来重新翻个盖，让留有深深车辙痕迹的一面朝下，从而使得青石板路保持平整通畅，方便居民进出行走，也算是很用心了。

我曾经到过的老街很多，像这样能保存完整石板路的老街，还是屈指可数的。倘若后期开发观光旅游业，老街再改造的话，有了这条实实在在的青石板路打底，就有了维修重建的物质基础，有了再次焕发青春的可能。

回想我曾经走过的老街，比如大通古镇和悦洲老街、家乡巢北柘皋的北闸老街等，虽然经过悉心改建，修葺一新，但是人气不佳，氛围不好，最重要的原因是历史沧桑感被破坏了。印象中最有人间烟火气息的应该是桐城市区的几条老街，包括北大街、东大街，这些老街至今都满满当当地住着居民，傍晚时分，家长里短，鸡犬相闻，其繁华景象不亚于当年鼎盛之时。

洄溜集老街上的古宅，早年据说有成百上千间房舍，其中会馆、车马店、茶馆、铁匠铺、客栈、澡堂、作坊等一应俱全，如今尚属保存完整的是刘氏祠堂，当地俗称"江西刘"，是清初从江西宜丰县天宝村迁徙而来的。我们来参观的时候，这座祠堂院落门窗紧闭，大门两侧的墙壁被刷成米黄色，颇有些斑驳，据说曾经一度是洄溜的粮站，透过门缝可以看到这组建筑群落有好几进，整体砖瓦构造、高脊飞檐，一直北延到颍河大堤边上，虽然坍塌严重，但其建筑框架格局还在，整个祠堂建筑造型别致厚重，门头木雕装饰精美，依然隐隐能反映出当年阔绰敞亮的影子。"江西刘家"人才济济，民国时期蒙城县县长刘文友、曾经担任华东水利部副部长的刘文郁，都是出自这个显赫的家族。

二、渡口

正如前文所提及的那样，整个洄溜古镇都是依河而建，河就是颍河——阜阳人的母亲河。颍河，古称颍水，因其主要支流为沙河，因而也被称为沙河或者沙颍河，是淮河最大的支流，全长600多千米，其发轫于河南登封嵩山，穿过许昌、周口、阜阳等广袤的中原腹地，最终在颍上县沫河口汇入浪涛滚滚的淮河。

这条大河一路逶迤而东，千百年来滋养了这片土地上的万物生灵。说是一路向东，也是有例外的，比如颍河在洄溜集这一段，因为河道蜿蜒曲折，当河中波涛汹涌，浪花里产生的旋涡不断打转，河水这时反而向西回流，堪称是个非常壮观的水文现象。用地图查看附近的地形，可以一目了然地看到，颍河由西往东，流经衰寨、武庙、高楼、后余庄等村镇，再抵达洄溜、陆湾这一带，河道百转千折，水中旋涡迂回，这可能就是"洄溜集"得名的由来吧。

参观完洄溜老街，我们沿着大堤走到颍河南岸渡口，想象着当年码头上的繁忙景象，这条深沉的大河奔涌一如从前，给早年的洄溜带来了巨大的商机，南来北往的货品堆积如山，商贾云集，创造出堆金叠玉的巨额财富，古镇达到了历史上最鼎盛、最繁华的高光时刻。

眼前的这座码头叫中码头，望文生义，自然是居中的码头，据说还有上码头和下码头，分别位于河的上下游。深秋时节，两岸依然草木葱翠，清冽的河水缓缓流淌，满载着车辆、行人的轮渡船，发出嘟嘟的低沉轰鸣声，从北岸不紧不慢地游渡过来，那传说中河水西流的稀罕景象，自然是没能看得到。在码头旁灌木丛的偏僻一隅，系着一叶小小的扁舟，估计是附近村民的渔船吧，此时此景，颇有"野渡无人舟自横"的孤寂况味。

在河边我们遇到一位骑着三轮车的老人家，车斗里堆放着木头柜子、紫砂花盆等家具用品。老人自言是1955年生人，稀疏花白的头发，饱经沧桑的脸庞，端坐在三轮车上，很热情地和我们聊天拉家常，逐一介绍周边村镇的名人趣事，说到开心处老人发出爽朗的笑声，充满着与生俱来的乐观情怀。

河畔并非都是今日所见到的宁静祥和，想当年这一带也曾爆发激烈战事。解放战争时期，中野部队在颍河北岸拦截国民党黄维12兵团，两军隔岸相持，浴血鏖战。而今战场的硝烟早已散去，我们站在高岗上观赏两岸的风景，当年这里想必也是一片硝烟，牺牲在河边草丛中的烈士，大部分应该都是淳朴的农家子弟吧。

想我人到中年，走过的大江大河也是很多，每当站在类似这样的渡口眺望大河时，内心总会滋生出莫名的感慨，就像孔子所说的那样"逝者如斯夫！不舍昼夜"。我们生命中不断流逝的时光，如同这缓缓东流的河水一般，一去不复返。在这南北分割的渡口，千百年来多少亲人朋友在这里分别远离，心中是否涌现出"渡头余落日，墟里上孤烟"这样的诗句？是否又会浮现起席慕蓉诗里描写的那种别样情怀？

> "渡口旁找不到一朵可以相送的花，
> 　就把祝福别在襟上吧，
> 　而明日，明日又隔天涯。"

从码头渡口返回，我们接着去参观古清真寺。出了古寺之后继续在街上散步看风景，街道两侧白色的墙壁上，画着许多娟秀的山水花卉和题诗，比如郑板桥的《题画兰》中有"身在千山顶上头，突岩深缝妙香稠。非无脚下浮云闹，来不相知去不留"；又有元代王冕的《墨梅》"吾家洗砚池头树，朵朵花开淡墨痕。不要人夸好颜色，只留清气满乾坤"；等等，洄溜果然是个有深厚书法底蕴的艺术古镇。

街道上很多民居的大门顶端，都镌刻着阿拉伯文的祝福语；也有贴着对联"家居黄金地，人在富贵中"，横批写"鹏程万里""幸福人家"的，充满着皖北传统装饰特色；甚至有一户人家的小楼回廊、立柱、阳台，是典型的西洋建筑。街上各种风格的建筑错落有致，可见洄溜是个开放包容的社区，回汉各族百姓和谐相处、其乐融融。

走马观花半日游，浮光掠影中又感悟良多。中午在品尝了传统美食"洄溜四宝"——咸黄牛肉、烙子绿豆饼、沙缸豆芽、地锅豆腐皮之后，我们恋恋不舍地离开古镇。当下阜阳正在努力建成为安徽省域副中心城市，历史悠久的颍州必将大放光彩，洄溜集的数千名父老乡亲，必然会把握千载难逢的发展良机，利用当地充沛的人力优势，整合丰富的土特产品资源，发展古镇老街旅游业，振兴建设美丽乡村，让老百姓过上幸福的好日子。

阜阳城的洄溜集，果然是一个有故事的好地方，名不虚传，争取有机会再来访古探幽，细细感受一番她的淳朴与厚重，同时体验回味老街的散淡和悠长。

（原刊于《安徽档案》2021年6期）

合肥城隍庙古玩城小记

搬到淮河西路陪读已经有两个多月了，居住的小区离庐州府城隍庙近在咫尺，周末逛逛城隍庙古玩市场非常方便。

说到合肥的庐州府城隍庙，据嘉庆《合肥县志祠祀志》记载："府城隍庙，在府学（合肥老四中）东北。宋皇祐时建，历代重修。有余忠宣公（余阙）碑记，载集文"。现在的城隍庙是安徽省文物保护单位，庙宇巍峨，大殿的中央，端坐着金碧辉煌的城隍老爷孙觉，孙觉字莘老，江苏高邮人，北宋文学家，曾经担任过庐州的知州，颇有政绩，后人遂尊孙觉为庐州城隍老爷，并且帮城隍老爷塑了金身，历朝历代均加以祭奠供奉。

合肥城隍庙的商贸市场则兴建于1984年8月，1986年元旦正式开业，是合肥市第一家大型的吃喝、游玩、购物为主的综合性市场，这里培养出合肥上世纪八九十年代最早的一批商业人才，成就了众多腰缠万贯的民营个体大老板。而位于城隍庙西侧的古玩市场1997年成立，正对蒙城路的仿古大门上，悬挂着"城隍庙古玩城"六个金字黑底匾额，由合肥老市长钟咏三先生撰写。每逢周六早上，全省各地的古玩商家和收藏者们纷至沓来，在市场买卖古旧陶瓷、古籍字画、文房四宝、翡翠玉器等等。古色古香的徽派建筑与古玩文化经营相得益彰，让人流连忘返。

（城隍庙古玩城）

上周六我去了一趟古玩城，早晨有点耽搁，到得太晚了，啥也没淘到，悻悻而归，心里颇为不甘，寻思着往后还得早点过来，否则市场上曲终人散，再逛就没啥逛头了。所以今早7点起床，草草洗漱完毕，吃了块面包就下楼出了门。

已经过了立冬，户外略有寒意，淮河西路上高大的杨树落叶缤纷，车流稀少，这是一条很安逸的老街。信步走到城隍庙后门，不紧不慢地踱步进入古玩市场，但见回字形的徽派大楼走廊上，满满当当地摆着各种各样的古玩、民俗货品，淘宝的游人摩肩接踵，交易双方在不停地讨价还价，大声吆喝，气氛热烈浓郁。最近天气晴朗，大伙儿也都愿意出来活动活动，市场上到处都是人声鼎沸。

进入秋冬季节以来，我省颍上等地零星爆发新冠疫情，导致合肥的防控状况有点紧张，古玩市场上的摊主、顾客都严严实实地佩戴着口罩，安全第一。

　　四层的古玩大楼，店铺林立，特别是一楼、二楼靠西侧的几家高端店，面积规模宏大，室内装修考究，藏品琳琅满目，简直就是小型的博物馆。于是逐层闲逛，挨家挨户地浏览老板们摊位上的老物件，并随手拍些现场的相片。又和几个相识的老主顾打个招呼，太湖的老周、枞阳的老吴、芜湖的老王，和他们聊聊最近的状况，老板们普遍反映今年的生意难做。疫情带来的影响，简单看一下市场就能有所察觉，古玩城里歇业、转让的店铺有十来家。唉，希望实体经济能尽快走出困境，恢复到之前的正常状况。

　　本想买几个小铜钱玩玩，逐一翻阅地摊上摆放的钱币册子，也没挑到特别中意的，最后还是在二楼东边的摊位上淘得三枚小钱，其中一枚白铜开元、一枚黑漆古开元、一枚偏厚的道光小平钱，三枚合计40元，价格算是优惠。最近这两年古钱币价格一路上扬，特别是大开门、好品相的稀有品种，涨幅简直让人咋舌。我早些年陆陆续续地淘了一些，最近几年生活压力大，宦囊羞涩，也就很少再购买了，最多只是看看。有些老钱历经千百年的使用、传承、收藏，钱质温润如玉，上手把玩，欣赏千奇百态的遒劲钱文，既能学习古钱币知识，更能深入地了解古钱背后的历史内涵，是非常美妙的体验。

　　继续闲逛，从青阳张老板摊位上淘得十几份当地的档案材料，磨了半天嘴皮子，以130元成交，感觉还不错。

　　回家后稍事整理这十余份档案，全部都是青阳县陵阳公社上世纪六七十年代的"案卷"，内容翔实丰富，具备鲜明的时代特色，对于考察皖南地区乡一级政府对辖区内的管理，具有一定的史料研究价值。

　　青阳县的陵阳是个好地方，该镇地处我皖省"两山一湖"旅游腹地，楚国的三闾大夫屈原曾在此驻足多年，自古以来就是徽商北上的重要通道，境内明清徽派古建筑多有留存，希望有机会能去陵阳古镇观瞻一番。

　　总体来说今天去城隍庙还是小有所获，古玩市场是个非常好的公众场所，为广大合肥市民提供了一个交流、交易、放松精神、提升品位的良好平台。

（2020 年 11 月 14 日）

去芜湖，记尺木

一、去芜湖

烟花三月的江淮大地，天气实在是妙极了，走到户外举目四望，轻柔的微风里，到处都是姹紫嫣红的艳阳天。这样的时节，能出差去芜湖公干，其实是等同于放空心情的小小旅行吧。

早上乘坐 8:50 的高铁从合肥出发，风驰电掣一路向南，透过车窗，沿途的风景都是我所熟悉的。短短几日，田野里的油菜花星星点点地盛开了，特别是南淝河沿岸，河汊水网交错，在阳光照耀下，散发着粼粼的光芒。随着列车的奔驰，村庄、河流、阡陌、良田、道路，以及高耸的高压线塔，都纷纷向后退去。等列车又钻过两个隧道、跨越裕溪河大桥和长江大桥之后，芜湖站顺利抵达，全程合计四十分钟，真快啊。想当年我从巢县（今巢湖）去芜湖上学，一般先是从苏湾林场坐老式班车到巢县火车站，然后换乘绿皮火车到江北的裕溪口二坝下火车，再搭上客货两运的轮渡方可抵达江南的芜湖八号码头，耗时半天。真的是沧海桑田须臾改，中国社会的发展进步有目共睹。

出了芜湖车站直接打车到市区的中山路步行街，几个商场尚未开门，遂和同事席明亮去商场旁边的镜湖散步。

镜湖又叫陶塘，是整个芜湖城市的精华魅力所在，南宋状元词人张孝祥"捐田百亩，汇而成湖，环种杨柳、芙蓉，为邑中风景最佳处"，至今镜湖的水面尚有二百余亩，因其水清可鉴，形似圆镜，故名"镜湖"。张状元真是好人啊，给芜湖人民留下这么一大片实实在在的湖光山色，在《蝶恋花·怀于湖》的这首词里，张孝祥是这样写的："恰则杏花红一树。捻指来时，结子青无数。漠漠春阴缠柳絮，一天风雨将春去。春到家山须小住。芍药樱桃，更是寻芳处。绕院碧莲三百亩，留春伴我春应许。"把家乡描写得如此绮丽温馨，读罢为之心驰神往。嘉道时期官至礼部尚书、军机大臣、同为芜湖人的黄钺，在《于湖竹枝词》里记录了这段典故："升平桥畔状元坊，曾寓于湖张孝祥。一自归来堂没后，顿教风月属陶塘。《四朝闻见录》：'张，乌江人，寓居芜湖，捐己田百亩汇而为池。环种芙蕖杨柳，匾堂曰'归去来'。'升平桥，即升仙桥，在城西。张中绍兴甲戌状元，故宅在焉。陶塘在其坊后半里，当即'归来'遗址。张旧有祠久废，乾隆庚戌，余请陈明府圣修重祀来佛亭旁。"

　　这几年每次来芜湖出差，只要时间许可，我都会到镜湖边上闲逛一圈，顺便瞻仰湖畔的萧云从塑像，这次也是一样。回想二十多年前，我刚刚从乡下来到芜湖城里上学，一个秋风飒爽的晚上，和几个室友结伴来镜湖游玩，但见湖面粼光点点、灯火闪闪，岸边垂柳依依，石椅上的游人呢喃私语，湖心的亭台楼榭在月色掩映下，愈发显得迷离朦胧。同学们走到镜湖西侧的"尺木亭"里小驻，见亭子对面的湖边上，影影绰绰之中，有位长辫老人塑像端坐在岩石上，身穿灰色长衫，面色如漆，昂首远眺，清癯孤傲，这一幕给我们留下了深刻的记忆，同学们都甚感惊奇，通过悉心辨认铜像旁的碑文，才得知这位老先生就是萧云从。

（镜湖岸边的"尺木亭"）

二、萧云从生平

萧云从，字尺木，号无闷道人、又号于湖渔人、梁王孙、钟山老人、东海萧生，作品诗中有画，画中有诗，是姑孰画派的创始人，精于山水、亦擅长花卉人物，对皖南诸画派的形成与发展有积极影响。萧云从画作《太平山水图》和《离骚图》刻本后流传至海外，日本画家祇园南海、池大雅、柳里恭多方临摹学习，自此改变了日本画原先的艺术面貌，是日本南宗文人画的远师。

萧云从除了是当时顶级的书画家之外，还是一位品行高洁、坚持民族气节的人。

萧云从万历二十四年（1596）出生于芜湖一个书香家庭，其父名慎馀，为乡饮大宾，生有三子，分别是萧云从、萧云倩、萧云律。萧云从自小就接受良好的儒家传统教育，博学多才，从少年时代开始学习绘画，"少时习之暇，笃志绩（同"绘"）事，寒暑不废……"（邵松年《古缘萃录》卷七），但久困科场不得志，直到崇祯十二年（1639）也就是四十五岁的时候，才中乡试副榜。后决意不出，退而筑舍于大江之湄，门枕寒涛，邑山交拥，筑精舍数间，种老梅数株，全心全意沉醉于诗文书画的艺术创作之中。

然而怎奈明清鼎革之际，天下动荡，明朝覆亡后清军占领芜湖，为避乱兵，萧云从不得已，在1645年和友人戴重等人移居江苏高淳石臼湖，直至顺治四年（1647）秋才返回故里，但见家园荒芜，故居"梅筑"已被清兵霸占为马厩，他在《移居诗并序》中写道："畴昔小筑于东皋，则迩王处仲（王敦）梦日亭也，甲申后为镇兵是据，遂毁精舍为圉枥。……惟乱离迁播，亲友凋残，触景内伤，忽然哀愤，溯其凄戾，横集无端"。国破家亡的惨痛经历，让萧云从义愤填膺，誓死不与清廷合作，只和明之遗民邢昉、唐祖命、彭旦兮以及孙逸、汤燕生、渐江、方兆鲁、方文、汤鹏等文士书画家交往。

回到芜湖后，萧云从携子挑书定居在萧家巷，萧家巷位于近期重新开发的商业项目"芜湖古城"之中。后陆续游历川楚衡岳江南金陵诸地，寻访故交，绘画写文，创作了大量的书画作品，直到康熙十二年（1673）秋去世，临终遗言："道在六经，行本五伦，无事外求之，仍衍其旨。"诗毕瞑目而逝，享年七十八岁，一说卒于康熙八年（1669），归葬于城西严家山其父萧慎馀坟墓的隔壁，墓碑的碑额篆书文字由其本人亲自撰写。

二十世纪六十年代初，当地政府文化部门进行文物普查时，在扶风里5号人家发现萧墓的石碑，墓碑当作缸灶的底座使用，碑石遂被芜湖市文物办公室征集收藏。严家山在范罗山东南端，地势较高，相当于现在芜湖苏宁广场西北侧的位置，离我们学校不远，早年我们念书上学时，一帮青春男女经常在这一带来回穿梭行走，没想到曾有一位卓越的书画大师长眠于此。同属姑孰画派的黄钺有诗："短碣亲题篆籀工，严家山后翠重重。画工欲辨萧真本，记取坟前几树松。（萧尺木先坟在严家山，碑甚古雅，坟上松酷似其画。）"

萧云从有子萧一旸和萧一都，其中萧一旸字梦旭；侄三人分别是萧一芸、萧一荐、萧一其，子侄均工书画。萧一芸为康熙丙子年（1696）举人，成就最高，萧云从晚年的一些酬唱之作均由其代笔。

黄钺在其所著的《壹斋集·萧汤二老遗诗合编序》里记录如下："所居萧家巷，屋址犹存，乾隆年间曾访其后人，仅一担水夫，旋老病死。""庚子五忠"的袁昶，在任职徽宁池太广道期间，曾经撰诗："《前明副贡萧尺木先生云从墓，近始访得在严家山，属饶守戎、陈参军、江学博修治，既竣勒石，禁止薙采，设脯酒祭之并度墓旁地栽松四株》粉本匡庐将雁宕，好山只向画中看。孤生泪洒朝天柏，后死心同没土兰。郑所南画兰从不带土，以立足无一片干净土也。萧君自以国变，余生常侨灵谷寺，步谒孝陵，又画四名山太白祠及劳公祠四壁，意谓残山剩水只于粉本中遇之耳，乃寓言也。不许樵人薪宰树，乍逢野祭列春盘。一般风味凌居士，共酹陶塘菊盏寒"。近代绘画大师黄宾虹在《萧云从之画品》中也这样描述："及光绪中，袁爽秋（袁昶）先生莅芜湖道任，曾访云从后裔，仅一担水夫，已不识字，墓为邻右所占。为封其马鬣，嘱幕客凌子与霞书而志之。今又颓圮矣。"世事茫茫难料，萧氏家族后继乏人，身后萧条，不由得让人叹惋。

三、萧云从绘画、诗文作品

萧云从一生创作了大量的书画作品，留存下来的主要收藏在故宫博物院、安徽省博物馆、上海博物馆、南京市博物馆、广东博物馆、四川省博物馆以及美国、日本等文化机构，主要画作有《离骚图》《太平山水图》《秋山访友图》《涧谷幽深卷》《闭门拒客图》《归寓一元图》《仙山楼阁图》《孤山寻处士图》，并对渐江、孙逸、戴本孝、巴慰祖等"新安画派"以及梅清"宣城画派"产生巨大影响。

《离骚图》凡六十四图，包括《九歌图》九图、《天问图》五十四图、《三闾大夫卜居渔父》一图，总称《离骚图》。萧云从在《九歌图自跋》中写出了他的创作意图："余老画师也，无能为矣。退而学诗，熟精《文选》。怪吾家昭明，黜陟《九歌》，取《离骚》读之，感古人之悲郁愤懑，不觉潸然泪下。……忠臣贯霜，孝妇降旱，一念之诚，惨动天地，理或然欤？仆本恨人，既长贫贱，抱疴不死。家区湖之上，秋风夜雨，万木凋摇，每闻要眇之音，不知涕泗之横集，岂复有情之所钟乎？"萧云从深感于屈原的爱国之心，在《离骚图》的笔墨之中，寄托着深沉的哀伤和故国思念之情。

清初文坛领袖王士禛，在长诗《萧尺木〈楚辞〉图画歌》里这样描写他的感慨："大江秋老歌离骚，江波瑟瑟风刁刁。怪石宠岏压崩涛，猩猩啸雨悲猿猱。楚累一去二千载，使我后死心劳忉。啮桑败盟西帝骄，商于六百横相要。武关一入不复返，章华台殿生蓬蒿。江潭憔悴子兰怒，娥眉谣诼羌安逃。长楸龙门望不见，木兰桂树栖鸱枭。骐骥不御愁踢跳，菉葹蓄絮糅申椒。呵壁荒唐罢天问，沅湘西逝魂难招。萧梁王孙笔倔侥，攀挈顾陆提僧繇。丹黮粉默写此本，墨花怒卷湘江潮。湘君夫人降荒忽，国殇山鬼亦萧飕。青枫斑竹染啼血，灵风神雨纷飘摇。酒阑歌罢老蛟泣，星辰迸落江天高。"朋友高峰先生藏有日本大正十四年（1925）大村西崖校辑的《图本丛刊·萧尺木离骚图》，我曾借得一览，甚感荣幸。

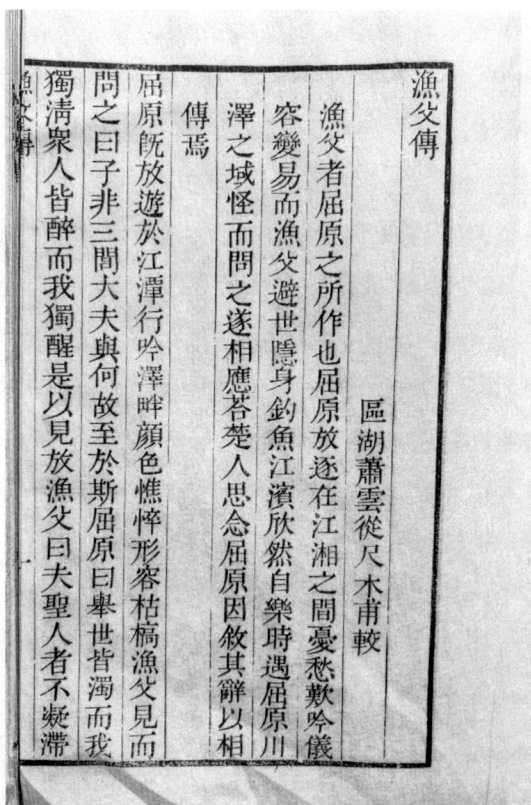

（《图本丛刊·萧尺木离骚图》，高峰先生所藏）

《闭门拒客图》及题跋，引用赵子固拒绝接见赵子昂来访的民间传说，歌颂了赵子固在神州沉沦之际，坚持民族气节的高尚爱国情操。《西台恸哭图》中，借用谢翱登上西台缅怀与祭奠文天祥，不禁悲从中来，以至于恸哭流涕，抒发了南宋亡国之痛。萧云从借古喻今，展示了自己痛感故国幻灭的悲愤之情。

《太平山水图》刊于清顺治五年（1648），画作反映了太平府所辖当涂、芜湖、繁昌一带山川胜景，共计有画四十三幅，其中当涂十五幅、芜湖十四幅、繁昌十三幅、太平山水全图一幅。所画青山、采石矶、黄山、天门山、吴波亭、东皋梦日亭、范罗山、赭山及阪子矶等人文景观，每幅图上都题有李白、王安石、苏轼、杨万里等人的诗作，而图上亦标明为摹仿萧贲、王维、郭熙、夏圭、马远、黄公望、唐寅、沈周等人的绘画技法，作品各具特色，没有雷同之处。比如在《杨家渡图》里，萧云从引用了杨万里的诗句："春迹无痕可得寻，不将诗眼看春心。莺边杨柳鸥边草，一日青来一日深。"标注这幅图是"学石田翁（沈周）画。"

在《太平山水图跋文》中，萧云从这样写道："济南张公祖举之先生之理姑孰也，民乐熙恬，人文翔恰，既以吏能闻于江之南矣。……仆少时窃有志乎斯事，虽得役志左右，而惨淡经营，如坐云雾。……今日者，剑砺于石，马饮于川，一草一木，血溅而膏涂，而蕞尔姑孰，江响山光，风雅不坠，余得备事为鸟书之，沐日坐春风，行将附以不朽焉，则先生之所造育与其所扶维者，诚不可量也夫！"这篇跋文介绍了绘画的经过和心得，是其应济南张举之（张万选）邀请而悉心创作的。

张举之当时担任太平府推官已满四年，在即将离任北去之际，因留恋江南大好山水，故而编辑了《太平三书》。又担心一去之后，"山川绵眇，遥集为艰，岁月驱弛，佳游不再"，于是邀请萧云从选择"太平江山之尤胜者，绘图以寄"，如此，则"余思间一展卷，如闻鸟啼，如见花落；如高山流水，环绕映带；如池榭亭台缋满眼，即谓置我于丘壑间，讵曰不宜？"张举之又称赞萧云从"萧子绘事妙天下，原本古人，自出己意，正未知昔日少文壁上曾有此手笔否？异时布袜芒鞋，涉迹五岳，当循是图为嚆矢，请洒洒与谢李诸公订盟而去。"正是由于萧、张二人的因缘际会，才给后世留下了《太平山水图》这样的旷世杰作。

到了康熙初年，时任太平府知府的胡季瀛，极为倾慕萧云从，然"三访俱辞不见"，遂将其拘捕到采石矶太白楼中，令曰："画壁成，当释汝。"当时已是耄耋老人，又抱病在身的萧云从，迫不得已，"为画匡庐、峨嵋、泰岱、衡（华）岳四大名山，凡七日而就，遂绝笔。登斯楼者，咸叹赏不置，画与楼俱传"（民国《芜湖县志卷五十八 杂识遗事》）。但是细读萧云从《太白楼画壁记》一文，恐怕胡知府关押萧云从作画之说难以成立，其原文如下："郡守胡公念斋，重建采石唐供奉太白祠与其楼居。既落成矣，诗文纪胜，倡和流连，镌之金石，传大雅焉……时以郡务云集，不遑经营，知余为老画师，折简相招，且云：'飞白泼墨，人生快事……'"由此可见，胡季瀛是在公务繁忙之余，亲自写请柬给萧云从，郑重邀请他来太白楼作画的，并且安排了"暇精墨妙、尤善山水"的陈醇儒来配合他"共研撰事，资余不逮者"，根本没有提及所谓的强迫行径。这位胡季瀛先生字念斋，浙江海盐人，其父胡震亨是明代著名文学家、藏书家，曾经担任过合肥知县，颇有政声。

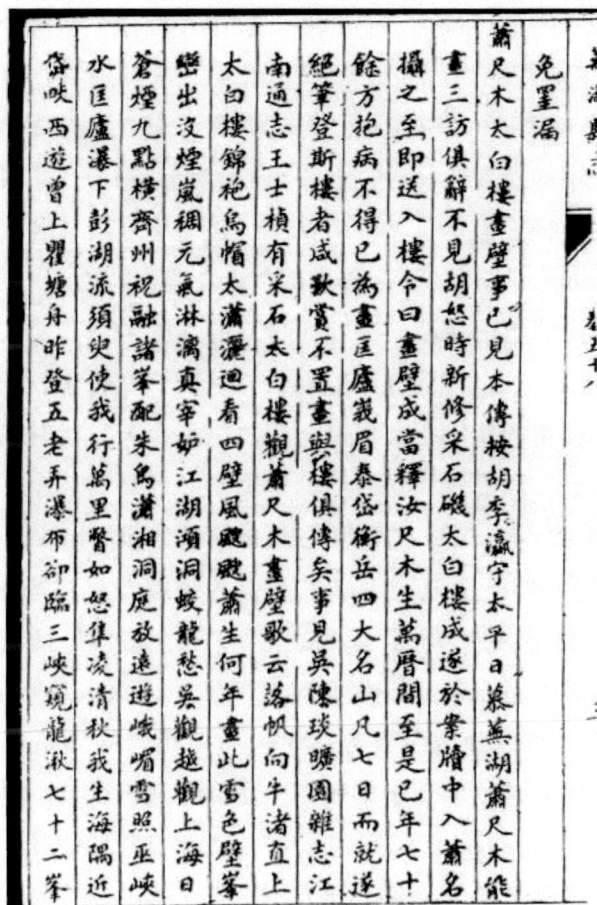

萧尺木太白楼画壁事已见本传按胡季瀛宁太平日漾蕉湖萧尺木能画三访俱辞不见胡怒时新修采石矶太白楼成遂於粢牆中入萧名摄之至即送入楼令曰画壁成当释汝尺木生万历间至是己年七十餘方抱病不得已为画匡裁眉释岱衢岳四大名山尺七日而就遂绝笔登斯楼者咸歎赏不置画与楼俱传矣事见吴陈琰曦圆杂志江南通志王士祯有采石太白楼观萧尺木画壁歌云落帆向牛渚直上太白楼锦袍乌帽太潇洒看四壁风飔飔萧生何年画此雪色壁笔蟫烟出没烟岚细元气淋漓真宰如江湖涌洞蛟龙愁吴观越观上海日苍烟九点横齐州祝融诸峰配朱鸟潇湘洞庭放逸游峨嵋雪照巫峡水匡庐瀑下彭湖流须臾使我行万里瞥如怒隼凌清秋我生海隅近舒峡西游曾上瞿塘舟昨登五老弄瀑布却临三峡觑龙湫七十二峰

（民国《芜湖县志》内页书影）

太白楼雄踞江东，百年来文人墨客至此游览，皆能欣赏到萧云从的壁画，留下了大量的吟唱之作，代表诗文有宋荦《谪仙楼观萧尺木画壁歌》、王士祯《采石太白楼观萧尺木画壁歌》、杜诏《太白楼题萧尺木画壁》、吴镛《太白楼观萧尺木画壁》、蒋士铨《萧尺木画壁》、包世臣《太白楼观萧尺木画壁应侍御学使教》等等，正如黄钺所形容的那样："太白祠前萧公所画壁，风帆上下人人能见之。百余年来题咏凡几辈，至今犹诵绵津山人（指宋荦）诗。"可惜这幅伟大的作品终毁于咸丰兵燹。

萧云从以画而名垂不朽，又兼精六书、六律之学，阴阳术数靡不考究，其学术作品皆大有可观，著有《易存》《字学》《韵通》《杜律细》等。诗文由门生张秀璧、朱长芝取其残编，整理成《梅花堂遗稿》，遗稿后又多散佚，黄钺说萧云从"诗集数卷向藏芜湖沈氏子，今不知所在"（《于湖竹枝词·四十二》）；又说"诗集仅七言律诗一体，袞集草草，又多讹字，盖村学究所钞者，今选得三十首存之，以见一斑"（《萧汤二老遗诗合编序》）。

明清易代的历史变革，由此而带来的亡国之痛、毁家之难，诸如此类的人生变故，都深刻影响到萧云从的诗文创作，他的很多诗作都继承了杜甫的现实主义风格，反映民生疾苦，忧时伤怀，关心国家民族命运，以梅花、松竹比拟坚贞不屈的高尚情操，比如《移居诗》组诗中的第二首："鹿门见寄一行书，悲滞风尘万里余。未靖干戈中外警，当途冠盖往来疏。天高猿啸松枝落，篱折鸡栖月影虚。鬓短霜繁潦倒甚，杖藜挥泪过荒墟。"全诗借景抒情，颇有杜甫《秋兴八首》的况味。在《舟过寒壁》中，萧云从写道："菱实几家供岁饱，荷风随橹散秋芳。无鱼尚欲频牵网，枯草横空不忍望。"《范罗山》："罗山顶上望残春，盎盎春气喧游人。春林葱郁张高阴，悲号鹊鸠摧春心。"《吊邑人周孔来殉节泾县学署》："泮壁何人自鼓刀，天寒日暮风飕飕。老儒转战敌长稍，弟子招魂赋反骚。夜雨同悲涵水鳣，阴雷欲剚戴山鳌。庙空悬古松长碧，浩气森森北斗高。"均是感时愤懑、慷慨激昂之作。

　　除了上述作品之外，还有一部分诗文反映萧云从隐逸、幽居的社会生活以及对故乡大自然风光的喜悦热爱之情，诗风萧疏淡雅，意境优美辽阔，如《题秋山图》："秋老山客瘦，霜诱木叶丹。林深人语寂，幽鸟共流湍"，有王摩诘之意境。《圩村农畴》："墅树莺啼农正忙，男耕女织遍村乡。烟柳新抽桃挟景，池塘风动荇菜香"，有范成大之田趣。《题青山图》："春岛荣琪树，兰蕤秘初春。仙人来卜宅，云幄饭芝房。翠襆松萝古，紫珠结子长。画图开半壁，晓露绕簏床。峻阁钟锁连，龙归带雨飒。芙蓉留石影，美酝盈螺椿。醉卧桃花坞，如沉十日酿"，全诗色彩明艳，呈现出迥然不同的艺术风格。

（萧云从雕像）

当代作家、书画家沙鸥先生，安徽当涂人，长期关注、搜罗萧

97

云从的诗文作品，黄山书社2010年出版其《萧云从诗文辑注》，书中收集萧云从诗作一百八十多首、文一百余篇，除黄钺所保存的三十首诗作之外，其他主要来自清代以来各地的方志、笔记杂录以及画作上的题画诗文。除《萧云从诗文辑注》之外，沙鸥先生还出版有《萧云从年谱》《萧云从评传》等著作，沙鸥先生在整理乡邦文献、先哲遗书方面，费心费力，颇有成效，值得赞许。

话说当天我和同事席明亮再次游览镜湖，萧云从老先生铜像的正对面，就是古朴别致的"尺木亭"，匾额由刘健农先生题写，可惜亭子貌似有安全隐患，以至于柱上张贴了布告，禁止游人入内。在湖边漫步，陶塘柳色，一如从前，少年时代结伴游湖的同窗好友们，早已各奔东西，时光荏苒，青春不再，仿佛也只是转瞬之间的事情。

（2022年3月）

大汤村那所小学

　　春节后由于疫情原因，困顿于巢湖老家村中，政府在苏喜塘村口小店的马路上设立关卡，村民往返都须携带出入通行证，每户人家两天允许一人外出采购生活用品，和城里的小区管理方式类似。

　　于是生活变得很有规律，除了吃吃喝喝、玩手机、看闲书、督促孩子学习之外，每天下午沿着马路在周边田野散步，或者去附近的几个村庄转转，比如去隔壁的大汤村。

　　我们去大汤村，主要是看大汤小学的旧址。三十多年前，我是这所乡村小学的一名小学生，每天从家往南步行一千米，来这里上课，呕哑嘲哳地念些语文和算术。当年的小学是五年制，我上二年级的时候，由于生病辍学一年，所以在这里断断续续地读了六年书，之所以说断断续续，是因为中途还曾随着老爹爹、父亲外出，在望江县雷池小学就读过三个学期——就是那个"不敢越雷池一步"的雷池——四十岁那年，我还曾经去过这座长江边上的小镇，在母校雷池小学的校园里转了一圈，颇有沧海桑田的感觉。后来一直在大汤小学念到毕业，方才转到苏湾镇上去读初中。

　　乡村教育的式微在所难免，大汤小学停办一二十年了，这周边几个村庄的孩子们，都要到更遥远的"界墩小学"或者镇上的"苏湾小学"读书，遗留下来的小学校园，被改造成村里的篮球场，只有一排老校舍保存得尚且完整，门边上悬挂了一个招牌，叫作大汤村老年活动室。不过疫情期间，活动室大门紧锁，这一片空旷的建筑，也算是个小型的公共娱乐运动社区了。

（大汤小学毕业照，后排左5是作者）

当年教授我们的小学老师，脑海里基本上都还有印象。校长姓徐，东徐村人，一丝不苟地穿着蓝色的中山装，有一年冬天，由于天冷我上学迟到，被徐校长逮到，用葵花杆子打手掌，只打得小小的手板心红肿起来，钻心的疼痛，这一板子可真的疼了三十多年啊，现在想起来对徐校长还颇有微词。校长有位千金，和我们同班同学，有一次小姑娘从家里带了一大相册的邮票，给我们欣赏，相册里整整齐齐地排列着各种各样邮票，图案精美，内容精彩纷呈，甚至还有外国邮票，应该都是校长先生的私人收藏，令我们这帮小屁孩们大开眼界，至今记忆深刻。

汤德敏老师教我们语文，他就是大汤本村人氏，按照辈分我要喊他"三爷"。记得上课的时候，他教过同学们几句俄语，什么"哈拉哨"之类的，对于当时的我们来说，感觉已经非常震撼了。"三爷"说他1966年参加大串联，坐火车不要钱，到过天安门，当时最高领袖接见红卫兵，他应该也添列其间吧。去年小汤村修家谱，邀请老爷子来我家吃饭聚会，协商修谱细节，三爷七十多岁了，还特意撰写了一篇谱序，托人带给我，让我非常感动，后来这篇谱序刊登到新修家谱的卷首位置。

汤来香老师主要教语文课，好像偶尔也教小孩子们数学，她同样是大汤村人，按照辈分要喊她姑姑（巢北老家方言喊姥姥）。我们刚念书的时候，她还是姑娘家，没有出嫁。前几天傍晚在村口马路上遇到她，这位奶奶今年也六十多岁了，正带领着女儿以及外孙在散步，和汤老师聊了十来分钟，追忆了一下童年时代并且简单介绍了现在的状况。她说正式退休之后在界墩小学返聘了几年，后来确实是年纪大了，带不动课，最终回到大汤村居家养老，现在每天晚上都坚持散步锻炼身体。她老伴也是教师，生有三个女儿，真是有福气。

当年的小学老师，还记得昂正强和汤德传夫妇。昂老师后来弃教从政，好像最初在临近的柳集乡当公务员，他应该隶属于肥东王铁的昂氏，和巢湖文史学者昂云是一宗。汤老师按照辈分也是姑姑，不过她不是我们这边的人，是柘皋石口施汤村的。昂老师夫妇育有两个儿子，比我年纪略小，一个叫昂扬，一个叫昂然，我们念书那会儿，他们都生活在小学的集体宿舍里，大家朝夕相处，非常熟悉。两兄弟都非常优秀，特别是昂然，职业发展得最好，最有学术成就，早年博士毕业，留学海外，现在执教于四川大学物理学院，是博士生导师。很多教师子女的职场规划、人生履历都很完美，下辈们也都勤奋刻苦，比我们这些泥腿子的农村小伢子强多了。

大汤小学旧址的南侧是一座小小的基督教堂，四五间房子，灰蒙蒙的水泥外墙，也没有粉刷，除了屋顶竖立的十字架之外，和普通的民宅无异。据说之前教堂每周六、周日中午十二点左右开放，周边几个村庄的教友会聚集过来"做会"。我原本打算参与聆听一下，可惜由于疫情原因，教堂暂时也不开门。

大汤村中尚有一座"大汤庙"，只有一大间，比一般乡间常见的土地庙略大，主要敬供的是观音菩萨。庙前立着功德簿，记录了村民捐资修建的名单和具体善款金额。其实大汤村还有一座远近闻名的"王爷菩萨",清末民国时期的木塑神像,是真正的古董文物,现在供奉在某户村民家中,这座神像这么多年还能完整保存下来,确实殊为难得。

和我们小汤一样,大汤村民主要姓汤。金陵句容迁巢始祖汤永传(香农)最小的一个孙子、排行老九的汤玉,生有四个儿子,长子叫汤有仁,次子叫汤有义,其中汤有仁就是大汤村的老祖,汤有义是小汤村的老祖。两位老祖是第四代,我们"增"字辈是第二十代,由此可以推测出来,句容汤氏已经在巢北这几个村庄繁衍栖息了十七、八代、大概有四、五百年时间。

大汤村有一两百户人家吧,是周边最大的村庄,人口众多,自然人才辈出,经商发财的、念书当官的,比比皆是,确实比我们小汤村强。我们村人最会苦会累,面朝黄土背朝天,早年是四周出了名的会做田。

(原刊于 2020 年 3 月 10 日"最忆是巢州"公众号)

包坊村里有座庙

包家坊简称包坊，正如苏家湾简称苏湾。

现在的包坊行政村，囊括了之前的包坊、大何、大汤、龙岗等四个大队，无论是面积还是人口，隐隐然都相当于二十世纪七八十年代一个公社的规模。

我们小汤生产队自然而然地隶属于包坊行政村，之前一直都是大汤行政村管辖的，所以现在村民有什么事情，都必须到包坊来处理。

年前的一天下午，我陪同父母来到包坊村委会（老百姓俗称"大队部"），主要是来拍照，并核对个人的身份信息。现在年满60周岁的农民，每月可以领取一百多元的"养老金"。为了避免有的老人去世后，其下辈继续冒领这一份钱，政府好像有规定，过段时间必须要本人亲自过来拍照存档，以便于再次审核验证。

村委会的滕主任接待了我们一行，很麻利地把相关手续办理妥当。滕主任年轻有为，据说是参军后退伍返乡的，如今在村里工作，回馈桑梓，为父老乡亲们做服务，其实也是蛮好的人生职业规划。

至于每月的一百块钱，就是众多辛勤劳作一辈子农民们的退休金。年轻时他们汗流浃背地种地收割再去粮站缴纳公粮，如今年纪大了，能领到这笔钱已经非常满意了。中国的农民无疑是最知足的。

包坊自清末以来，就是巢北一个繁华的大集市，比现在的苏湾镇要热闹很多。苏湾主要是由于合浦公路的开通（合肥到南京江

103

浦），逐渐从村落演变成通衢要道，最终才发展繁荣起来的。

包坊我第一次来还是五六年前，外甥女金梦婷过十岁生日，妹夫和小妹安排我们到包坊吃酒席，当时抽空在街上四处逛了逛，也去著名的包坊大庙——号称"巢北第一庙"瞻仰了一番，宏伟的庙宇、新塑的神像，基本上看不到曾经遗留的历史痕迹。

大庙供奉的主神是包坊大菩萨，本地有句民谚"包坊大菩萨——招远不招近"，意思是大菩萨对远道而来的朝拜者比较关照，很灵验，对周边的四邻反而爱答不理，所以吸引了众多合肥、含山、巢城的香客过来烧香许愿。有本地民俗学者认为，大菩萨的前身是南宋抗金将领姚兴。话说当年姚兴父子领兵在东黄山一带，抵御金主完颜亮的南侵，由于兵力悬殊，鏖战多日，最终不幸在尉子桥附近双双阵亡殉国，后人为了祭奠英雄，修建了众多庙宇来供奉姚兴，其中就包括包坊村的大庙。而完颜亮对姚兴本人也颇为敬佩，据说曾撰诗吊唁："独领孤军将姓姚，一身忠孝为南朝。当时若有援兵至，未必将军死尉桥。"

当然，也有人认为大庙供奉的应该是岳飞部将牛皋，不管姚兴也好、牛皋也罢，一定程度上可以反映出宋、金两国，在江淮地区战况的空前惨烈。

说到包坊大菩萨，据我父亲回忆，小时候还曾经治愈过他的病，虽说大菩萨"招远不招近"，但对于他这个小小乡党来说，还是有"救命之恩"的。

父亲是一九五一年生人，他五六岁的时候，推算时间应该是二十世纪五十年代中期吧，当时土改已经结束，农村这些封建迷信活动统统被禁止，各种庙宇道观也受到很大的冲击，大菩萨已经没办法在包坊大庙存身，由好心的乡民偷偷地收藏在别处。

年幼的父亲这时候突然生了一种怪病，经常半夜在熟睡中独自发笑，你想想看，一个五六岁的小孩子，夜阑人静的时候莫名其妙地痴痴发笑，我爹爹和奶奶自然是又惊又惧，终日寻医问药，病情也不见好转，于是迷信神灵鬼怪的老人家便按照惯例请包坊大菩萨出面，来驱赶邪气，加以震慑。

我老爹爹四方打听，通过"祠堂赵"村的堂大舅爹得知，包坊大菩萨当时寄身在"河稍刘"村，堂大舅爹是做木匠的，在乡间经常走村串户，所以消息灵通。当时"河稍刘"的一位刘姓大户人家，按照现在的话来说就是乡绅了，察觉到时局的变幻动荡，所以提前把大菩萨藏匿在房屋的夹墙内。得到这个讯息后，我爹爹和本村陈永友表爹两人结伴而行，连夜赶到"河稍刘"，应该是通过大舅爹从中斡旋，方才把大菩萨请回我家。说是请，其实就是两个人轮番换手，把大菩萨肩挑背扛一路走回来的。

据父亲说，大菩萨是一尊木制神像，大概不到一人身高，手脚关节处均可以灵活运转，特别是一双眼睛，炯炯有神，倘若你看着菩萨的眼睛，会发现菩萨同时也在盯着你看，双目对视，颇能摄人魂魄。

经过了一番煞有介事的迷信活动，父亲可能是得到了某种心理暗示，又或是先前的治疗开始起了作用，他居然神奇般地痊愈了。

这个故事我爹爹和父亲都曾多次叙述过，我虽甚感诧异，也只能不置可否，姑妄一听吧。事后大菩萨又被请回"河稍刘"村，这尊神像的最终下落不得而知，可能是毁于那个年代了吧。

春暖花开又一年，前几天我去包坊转了一圈，原本想进大庙烧个香，可惜由于疫情防控原因，寺门紧闭，暂时不对香客开放，只得悻悻然离开。

最近全国的疫情明显好转，包坊街上的人间烟火气息逐渐浓厚，很多店铺业已开门纳客，乡民们开始着手忙碌农事，田野里盛开着一大片金黄色的油菜花，在和煦的春风里肆意绽放摇曳。

多么美好的生活，多么美好的韶光。

（原刊于 2020 年 3 月 14 日 "最忆是巢州" 公众号）

茶香四溢东黄山

春节过后，新型冠状病毒四处蔓延，致使举国汹汹，不过巢北地区的情况尚可，各村庄的道路暂时还没有设立关卡，所以年后最初的几天，我还可以陪同内人、稚子，在家乡山野沿线到处游玩。

大年初四下午，继续带着家人去山边散步。沿着合浦公路由西往东，从苏湾西大街经过派出所、农贸市场等机构，很快到达小镇中心的十字路口，红绿灯右拐顺着光明街向南走十分钟，穿过一个叫作"中份"的小村庄，就抵达苏湾茶场。

在我印象里，这片茶场开辟的时间不长，推测也就十来年时间吧。依稀记得从前这一片都是丘陵田地和杂树林，现在改造为茶园，经济效益比之前应该大有改观。

茶场依山势而建，下面是一泓碧绿的苏湾水库。一九六九年夏季山洪暴发，在本地担任基层干部的肥东人钟明胜，为了拯救水库下游人民的生命财产安全，奋勇入水开涵保坝，不幸牺牲，老百姓感激他的这种大无畏精神，遂把苏湾水库改名为"明胜水库"。茶场依山傍水，环境优美，主要生产"苏居翠绿"牌白茶，产量不大，据说主要给上海的大老板包销了。我去年曾经在镇上农贸市场购买了半斤，一斤要价六百块钱，舍不得买太多，搞半斤稍微意思一下。感觉价格略高，茶叶的味道只是普通，无非是巢湖的特产，喝个家乡情怀。

（苏湾茶场春季采茶女工在挑拣鲜叶）

　　茶场所在的小山坡，我们当地人称之为黄山，这里的黄山当然不是皖南举世闻名的"黄山"。我巢有两座黄山，苏湾的是东黄山，黄麓的是西黄山，我们这里所指的当然是东黄山，有人又叫它小黄山。

　　顺着茶场的小路逶迤前行，四周一片新绿。沿着水库南侧新修的木制栈道，拾级盘旋而上，山丘顶部坐落着一座四角凉亭，供游人休憩观景。这里的视野特别开阔，空气清新，山下的茶园一垄一垄排列整齐，茶树叶子青葱欲滴，闪烁着碧绿的光芒。

　　这一片的山岭，虽不嵯峨高耸，但也连绵起伏数十里。当天茶园积雪尚存，我的两个儿子立马开始打雪仗，玩得不亦乐乎。小孩子的快乐，永远是那么简单直白，发自内心，让大人徒生羡慕。

（在茶场玩耍嬉闹的孩子）

茶园环绕大半个苏湾水库，包括邻近的几个山头，据统计有两三千亩的面积。水库的东侧，一个叫作"小仁"的村庄旁边，坐落着一座庙宇，唤作"黄山庙"，是苏湾本地大姓苏、郎、尹三家的家庙。我们过来参观瞻仰的时候，庙门紧闭，估计是防疫的原因，不过我以前进去过，庙里中庭有一株古木瓜树，已经有二三百年的历史。

庙宇大门左侧的"黄山庙修复碑记"碑刻上有文字介绍，该庙始建于康熙三十八年，1947年内战期间，国民党军队拆除黄山庙，用庙宇的砖瓦修建军事设施，古刹遭到破坏。直到2004年，当地村民又集资捐款，重新修建了寺庙，可谓是功德无量的善举。

现在来看，茶场和水库紧邻着古庙，自然风光和宗教人文建筑互相点缀串联，相得益彰，形成一个良好的生态景点，倘若悉心设计，应该是一处独具匠心的游览观光景点。

继续沿着山边新修的柏油马路，漫无目的地往山里走。沿途见到每个山谷的平地上，都坐落着几户村庄人家，正所谓"黄山三百六十洼，洼洼有人家，无家不成洼，无洼没有家"。村头的蜡梅花正在盛开，米黄色的小小花蕊，散发出馥郁的香气。一条小溪沿着山顶淙淙而下，流水绕碧村，几只鸭子和白鹅也在溪水里游荡觅食，真正的春江水暖鸭先知。又有三三两两的乡民，聚集在田前屋后，聊天、喝茶、晒太阳，享受难得的春节聚会时光，一派祥和安逸的山乡景致。

下山的时候，沿着之前的来路，途径团山乡政府旧址。团山乡老百姓习惯称呼为团山公社，1994年我老表曹东风从巢湖农业学校毕业，分配到乡里担任行政干事，曾经在这个大院里拥有一间单身宿舍，我经常过来和他闲坐聊天，畅谈以后的美好生活理想，毕竟那时候还是十几岁的青葱少年，对未来充满美好的憧憬。

念书的时候，乡政府这所大院里有三四位干部家的子女，和我们是同班同学，其中有几位女生都是吃商品粮的大家闺秀，举止端庄、成绩优良，毋庸置疑，她们都是属于同学中的上流阶层人物。我们这些泥腿子农业户口的小伢子们，只有仰慕的份，有点高山仰止、景行行止的意思。

依稀记得这一片还有个苏湾工艺美术厂，生产根雕、匾额等产品，当年的老建筑如今也是了无踪迹，旧址上全部都盖起了几层小楼的商品房。

这一片山麓我是比较熟悉的。学生时代，在苏湾初中住校，脱离了父母的管教，生活相对自由，经常会在月朗星稀的晚上，我们几个同学包括程达志、尹宏宇、金波等人，有男有女，骑着单车沿着山边水库的小路，在皎洁的月光照耀下玩耍嬉闹，唱歌聊天。时光荏苒，这么多年过去了，脑海里依然记得皓月当空的夜晚、那一帮骑车飞驰的纯真少年、那月色笼罩下黑黢黢的山林；依然清晰记得那些天真无邪、无忧无虑的日子，让人怀想起席慕蓉笔下的无悔诗句、五月天乐队吟唱的青春歌谣。

（原刊于 2020 年 3 月 16 日 "最忆是巢州" 公众号）

"秀才老屋"忆往昔

最近有看到昂云和马启兵两位先生的朋友圈，提及到山周村"秀才老屋"的现况，不禁心有所动，想着再去这个村庄看看。2016年7月27日，我曾经和夏初老师一道，冒着酷暑去这个浮槎山麓的古村落考察过，时光飞逝，一转眼都过去四年时间了。

当晚发微信给老表曹东风，老表是巢湖庙岗乡的干部，前几年挂职担任清涧行政村党支书，任期内修桥铺路，整治村庄自然环境，开发山沿的生态旅游风景，身体力行，改善民生，踏踏实实地做了很多工作，赢得当地群众的交口称赞。

由于他对本地情况熟悉，所以邀请他做向导，其实内心的真实想法，是希望利用他在当地的威望和影响力，为这个具备深厚历史底蕴的古村落，在力所能及的工作范围内，做些开发保护的善事。

第二天早饭后驱车，穿柘皋，到庙岗，在乡政府大门口接到东风，由于疫情原因，两个老表许久没有见面，感觉还是非常亲切。我们俩从小一起玩耍、念书长大，既是亲戚又是发小，真正一辈子的好兄弟。

继续开车出发，沿着路况良好的乡村柏油马路，一边聊天拉家常，一边欣赏沿途的风景。最近春光明媚，万物生长，正所谓"青山隐隐水迢迢"，远处的浮槎山连绵起伏，修长的山脉一路蜿蜒，像一道碧绿的屏风，横亘在合巢边界上。田野里盛开的金色油菜花，和青青的麦田交错，间或夹杂着各色的绿树红花，把大地点缀得五彩斑斓。

111

十几分钟的车程，从柏油路再左拐，向进山的方位继续行驶一公里，就到达山周村。进村的路口例行设置了路障，悬挂预防新冠病毒的警示标语。

进村后径直抵达位于村中央的"秀才老屋"，和四年前相比，这一长排的老宅显得更加破败不堪，特别是靠近北侧的好几间房屋，前几年我们来的时候，部分墙体以及内部房梁构建还保存得不错，现在坍塌得严重，用我们巢湖土话形容就是"倒嘟割壁"的，唉。

老屋的方位坐西朝东，目测总体长度有五六十米吧，最南侧的一个套间单元，由于周氏后人尚在居住，所以保存相对比较完整，前后两进，中间是个小小的天井院落，内室一进的后面，当年还有一个院落，现已废弃。正午时分，阳光从天井顶端洒落下来，房间显得温暖敞亮，典型的传统江淮民居风格，这种建筑格局虽然比不上徽州富商显宦的深宅大院，但也别具地方特色。

（秀才老屋的天井院落，屋内用手机拍照的是老表曹东风）

恰好主人在家，见我们来参观老宅，大爷和大妈都非常热情，一见面大妈就打开话匣子说，哎呀，你们来晚了，要是五六年前来的话，靠北头的房子不倒塌，这一排整整齐齐的，真是完美，言语中透露着些许遗憾。

大妈年纪约莫六十岁左右吧，开朗健谈。据她介绍，周秀才名叫周本立，是晚清民国时期当地著名的私塾先生，老夫子传道授业，声名远播，四方学子皆慕名前来读书学习，所以束脩颇丰，家道殷实。秀才有四个儿子，故特意建造了四十间大屋，给每个儿子分了十间。大妈说她们家是第四个儿子的后人，是周秀才的第四代。周本立老先生当初盖房子的时候，原本计划全部用砖瓦材料，又担心倘若家道中落，后人经济状况不好的话，会缺乏资金用不起砖瓦来维修房屋，所以墙体就地取材使用土坯，只是在地基、门楼等主要部位，才用青石和青砖加固。周老爷子为后人考虑得真是细致。屋子虽然是土坯结构，倒也冬暖夏凉，非常适宜居住。

大妈接着又介绍屋内的摆设，木门木窗，雕花房梁，包括当年先人遗留下来的两张大桌子、几条长凳、一张拆下来准备修缮重装的架子床等等，整体做工朴素精良，在当下的农村已很难见到，每条长板凳的内侧还保留有墨书"一样四条"字样。房间里有的木柱上写着文字，是以前做学堂时遗留下来的，只是字迹湮灭，不易辨认，可能是私塾的学规吧！

大爷带我们去看一墙之隔已经坍塌的十余间老屋，这些屋子虽然大部分缺瓦少盖，但主体建筑尚存，倘若悉心施工抢救，还是有可能修缮恢复原貌的。

我和老表站在废弃老宅的客厅里，脚下是凌乱的残砖碎瓦，阳光从残破的屋顶和墙壁的缝隙中照射进来，明灭可见，充满了历史的沧桑感。老屋不仅是居家过日子的场所，也长期作为学堂私塾使用，当年教室里一定是充斥着琅琅的读书声。据考证中共早期党员李慰农烈士曾经在此就读，这也是马启兵先生《红耀安徽》栏目过来采访的主要原因。

（大爷是周秀才的后人）

　　大爷又带我们去村头另外一处老宅参观。这栋老屋总体布局和之前的老屋类似，特别是土坯山墙保存得完整无缺，前后两进结构浑然天成，也是周老夫子所修建。由于一直有人居住，房屋状况良好，只可惜靠近西侧的几间房屋，十几年前被下辈们拆除，盖上了新的砖瓦民房，破坏了老宅的整体统一性。

（村口老屋）

村口的这栋老屋依水而建，一条小溪由高向低缓缓流淌，溪水的源头来自浮槎山涧，河水里有些杂草杂物，大爷说最近村里计划要清淤，修整河道。老屋的对面，高耸着两株巨大的梧桐，枝繁叶茂，夏天纳凉应该很舒适。大树的下面有一口水井，井口用木盖遮挡着，通过井圈的风化程度，感觉这口井应该很有年头，老井的四周镶嵌有石头地基，便于村民汲水和洗涤。

山周村的风水真好，依山傍水，村舍房屋建筑和地势完美融合，规划布局合理，非常安逸宁静，据说目前全村尚有近百户人家，在这一带算是大村庄。除了"秀才老屋"之外，零零星星地还保存有好几处土坯老宅，村里几条悠长的巷道，铺设着参差不齐的石板路，靠山就地取材，非常具有山沿地带的民居特色。

在村里踯躅徘徊，既感慨山周村庄的古朴，有"斜阳外，寒鸦万点，流水绕孤村"的寂寥意境，又为这些老屋未来的命运担忧，难道这些百年历史的老屋，真的就这么一天一天地风化，徒留下一丝断壁残垣，供将来的人们怀念凭吊吗？

晚上回家后，我把当天拍摄的老屋相片挑选了几张，用微信发给我省著名古建筑保护专家、安徽建筑大学翟光逵先生，翟老师回复如下：

"这个房子是巢湖地区典型的民居：1.土坯墙就地取材，成本低。2.小凹廊入口大门，门面墙用青砖贴面，做成里生熟墙，既防水又耐用好看，还节省材料。3.木屋架承重，用料小，也是节约。4.房屋堂心用隔扇门，不像皖南的堂心完全敞开，是因为这里冬天比较冷，因地制宜。我认为巢湖地区应保护和利用好这些古民居，尤其是搞乡村规划和建设时要注意这一点。"

翟先生的殷殷之情，溢于言表，特别是他写的第4条，个人觉得尤为重要。希望我们的各级政府，在乡村振兴、改善农村人居环境的同时，一定要注意保护好古民居，即使出于好意维修改造，也一定要严格遵循"修旧如旧"的原则，不能图省事推倒重来，反而破坏了文物古迹的原始风貌。

其实浮槎山沿线近几年打造的几个风景区都很不错，包括周边的"桃花源"景区、尖山湖逸趣园等等，倘若把山周村也能囊括进来，稍加改造维护，几个景点衔接串联起来，既有山水美景又有人文古迹，形成整体旅游大景观，岂不是一举两得的好事情？

衷心希望巢湖当地政府、文保主管单位以及社会各界有识之士，能够迅速行动起来，眼下当务之急，是对"秀才老屋"已经倒塌的部分建筑，予以一定的修葺保护，毕竟这栋老屋总体的状况还是不错的。这不仅仅是难得一见的老民居古建筑，更是巢湖地区最早的中共党员李慰农烈士曾经就读的私塾学堂，无论是从古建筑保护的角度，还是从弘扬烈士先辈的革命思想的角度，我们都应该好好善待庙岗山周村的这栋"秀才老屋"。

（原刊于 2020 年 3 月 20 日 "最忆是巢州" 公众号）

后记：

2022 年 11 月 3 日，至亲老表曹东风先生，在防疫工作中不幸因公殉职，噩耗传来，闻者无不落泪。转眼一个多月过去了，老表的音容笑貌，时不时地浮现在眼前。

东风是 1976 年 8 月生人，巢湖市栏杆集镇山曹村人（原赵集乡山曹村），出生书香门第，自幼聪慧，多才多艺，少年时代就读于山曹小学、赵集初中，1991 年初中毕业考取巢湖农校。1994 年中专毕业后，一直供职于巢北苏湾、栏杆、庙岗等乡镇政府机构，工作认真，性格开朗豪爽，对家族事务尤为热心。

从小我们几个老表就在一起玩耍，一起念书，四十多年的好兄弟，感情甚笃。如今东风英年早逝，内心实在是无法接受这样残酷的现实，正所谓死者长已矣，生者常戚戚，每念及此，不觉泪眼婆娑。

（2022年12月19日）

"龙华学堂"今何在

大年初六下午，也就是 2020 年 1 月 30 日，我陪同荆妻、稚子，继续在东黄山游玩，欣赏乡土风景，呼吸新鲜空气。

第二天年初七，村干部开始逐家挨户通知，说明当前疫情的严重性，并且告知村口已经封路，没有特殊原因暂时不允许外出。初六我们上街的时候，总体情况还算是正常，在镇上农贸市场摊位买了些水果零食，顺便观察了一下街景，看到有些人已经佩戴口罩。

当天我们去龙华寺的老黄山中学遗址游玩，每年过年只要有空，一般都会来这里转转。这块地方是风水宝地，依山傍水，风景秀美，游人很少，非常幽静。自从黄山中学搬迁到苏湾镇上之后，这边学校的主体建筑就划拨给苏湾敬老院，当年的菁菁校园，如今转型为夕阳红，也算是冥冥中的一种妥善安排吧。

我带孩子们主要是去看早已废弃的黄山中学老校园，这些青砖黛瓦的老校舍，可能是新中国成立初期所建，典型的江淮民居风格，虽是断壁残垣，但基本上还能看出当年的建筑框架轮廓。

小心翼翼地踩着满地的碎砖瓦砾，穿梭着走到校舍中央，只见院落里长满了杂树和荒草，走廊上到处都是枯枝败叶，有几块青石板台阶保存得还比较完整。残存教室的墙壁上，"文革"时期粉刷的大红标语还很醒目，保留了鲜明的时代烙印。曾经青春激扬的莘莘学子，在这个院落里诵读、行走、交流、嬉闹，而今安在哉？

（当年教室墙壁上的标语）

　　这几年我们每次过来参观，发觉这一带的建筑、山色、草木，基本上都没有什么变化，时间仿佛凝固了一般，让人颇有"年年岁岁花相似、岁岁年年人不同"的时空感慨。

　　龙华寺中学旧址旁边的这棵高大银杏树，已经用围栏保护起来，其树龄已有四百多年，它高耸入云，枝干遒劲，一直以来，都默默地注视着这所百年校园所经历的沧桑变化。大树脚底下，修建了一座简朴的小庙宇，正中央供奉着两座瓷质菩萨，菩萨的身上，落满了香火的尘埃。

　　学校旧址游览完毕，带着孩子们继续攀爬后山，这座大山的山体非常陡峭，两个孩子乐此不疲，沿着崎岖的小路一马当先，直趋山顶。我们爬到半山腰，终于累得爬不动，不得不折返回来，留下一个小小的遗憾，争取下次能一鼓作气攀登到山顶。接着带孩子们在龙华水库的大堤上玩耍奔跑，斜阳西落，水面上波光粼粼，煞是好看，徜徉在故乡的佳山秀水之间，实是难得的悠闲惬意。

119

（两个孩子的身后是黄山中学"龙华寺"旧址）

据记载黄山中学最初源自清末的"龙华学堂"，当年巢北乡绅刁叔屏先生毁寺逐僧，兴办新学，创办成立了"龙华学堂"，后学校分别改名"合肥梁乡高等小学堂""合肥县东北三镇区高等第一小学校""巢县龙华寺完全小学""皖北区巢县私立黄山初级中学"，并且在1970年设高中部，1998年学校从龙华寺旧址迁址到苏湾镇，和我的母校"苏湾初中"合并，成为乡镇完中。从早期校名的变迁可以反映出，民国时期我们这一带区域隶属于合肥县，而非巢县。

毋庸置疑，黄山中学一直以来都是本地的最高学府。这百余年来，黄山中学培育了一代又一代的巢北年轻人，众多龙华学子从这片俊秀苍翠的山岭出发，走向全省，走向全国甚至直达海外，取得了辉煌卓越的成就，其中最为卓尔不群、最令人怀念称道的，应该就是陈泗湾村的陈原道烈士（1902—1933）。陈先生少年时代在龙华寺学校就读，后考入芜湖第二甲种农校，1925年留学苏联莫斯科中山大学，成为中共早期的著名领袖，"二十八个半布尔什维克"

之一，最终为了崇高的革命理想，献出了自己年仅三十一岁的
生命。

　　至于我真正的母校——苏湾初级中学，原名叫团山公社初级中
学，据祝俊生老师回忆，团山初中大概成立于1976年，当时整个公
社只有一所戴帽子初中，安置在界墩小学，界墩小学是公社的中心
小学。随着学生人口的增加，团山公社势必要创办一所独立的初级
中学，因苏湾西一公里的蒲塘冲村有座窑场，窑场里空置厂房数
间，周边都是岗阜野地，就地取材烧砖方便，加上蒲塘冲村离界墩
集很近，师生们来去方便，团山公社的干部安排师生们来到蒲塘冲
窑场，一边教学、一边打坯烧砖，逐步修建起两排简易砖瓦房教
室，团山初中遂由此演变而来。

（苏湾初中毕业照，第4排左8是作者）

　　近来，随着巢北地区经济状况的良性发展，众多家长选择把孩
子们送到城里念书，加上这些年计划生育政策的影响，在乡下中学
读书的孩子日益减少，黄山中学的高中部最终不得不停止招生，目
前仅保存初中部，我听三舅说初中也仅仅只有三四百学生。三舅傅
承鹏先生多年来一直担任黄中校长，当年教授我们化学课，是我的
长辈更是恩师。现在巢湖市只有烔炀和散兵两个乡镇的中学是完

中，其他乡镇都只剩初中了，包括巢湖第一大镇柘皋镇，其高中部也已裁撤，令人唏嘘。

其实也不必过于感慨吧，社会在变迁，人们在不断追求更加美好的生活，包括孩子们所享受的教育资源，也是越来越好。总而言之，形势比人强，存在就是合理的。

现在黄山中学大门口悬挂的校名，是由老一辈革命家薄一波题写的。薄老和陈原道都是"北平军人反省分院"即"草岚子监狱"的难友，袍泽之情，没齿难忘，故而为陈原道的母校题词，也是表达缅怀追思之情吧。

前几天正好路过学校，想进去拍摄一下陈原道的塑像，结果被门口的保安大叔阻拦下来，大叔自然是询问了三个值班室永恒的"哲学"问题："你是哪里的？你来干么事？你什么时候走？"我解释我是林场小汤村滴，来母校拍一下陈原道的雕塑，我拍完马上就走。听我这么一说，保安大叔方才勉强同意我进入校园，但一直在不远处目光逡巡着。

（作者和孩子在黄山中学陈原道雕塑前）

　　校园和以前念书时相比，面积扩大了很多，陈原道半身塑像背后高大气派的教学大楼，依稀记得是学校老食堂的位置，后面的操场包括男女生宿舍楼，基本上把原先蒲塘冲村都占据了，这边当年都是农田池塘，油菜花盛开的时候，同学们漫步在田埂上早读背诵课文，感受春天温润馥郁的气息。

　　我忽然想起来，同学傅亚平现在已经是学校副校长了，他是傅家冲村人，初中毕业后念的黄麓师范，所以就和一直跟在身侧的保安大叔，提及他的名字，听我这么一说，大叔的态度明显缓和很多。其实我很多年没见过傅亚平了，记忆中的他，还是当初那个白面、卷发、寡言、质朴的少年，他父亲傅章仁先生也是学校教师，子承父业，教育世家，巢北地区非常好地传承和弘扬了这一传统。

　　（原刊于 2020 年 3 月 25 日 "最忆是巢州" 公众号）

小汤村民开大会

2月26日这天早上我刚刚起床，村里的二表叔郑志宏就过来，来喊我伯伯去他家集合，说是全村的核心村民都聚一下，开个村务研讨会。

感觉小汤村已经很久没有开会了，只是记得童年时代隐隐有点开会的印象。以前我家老房子山墙对面的冈头上，有株枝繁叶茂的高大刺槐树，树杈上悬挂一个铃铛，时任村主任王业金——我按照辈分喊他表爹，一旦用绳子摇动铃铛，铃铛迸发出清脆的铃声，就是在召集全村人过来开会，那时候是七十年代末、八十年代初吧，神情木然的乡亲们于是纷纷聚拢过来，或站立、或半蹲或者索性坐在大树下面的草皮上，一边听着村干部们传达各种消息，一边交头接耳地小声议论。

二表叔郑志宏刚刚当选为我们小汤村民小组长，也就是老百姓俗称的"生产队长"。郑志宏年纪四十六七岁，年富力强，正是当打之年，这几年一直在外面闯荡经商，为人豪爽，在周边村庄拥有广泛的人脉，目前的主业是经营挖掘机做土建工程，这些年家乡巢湖周边城乡搞开发改造，工地上业务繁忙，二表叔干的风生水起。

二表叔的父亲郑文贵老爷子，是我奶奶的堂弟，当年在世的时候，长期担任整个大汤大队的村支书。老人家年轻的时候投身军伍报效祖国，曾经参加过六七十年代的"抗美援越"战事，退伍后返乡荣任村支书，由于秉性耿直，做事公正有担当，在四乡村民中享有崇高的威望。

　　我在家中悠闲地吃罢早饭，踱着步也去会场凑热闹。其实我是有点担心我家伯伯（父亲）在会场上和别人发生争执，老父亲七十岁了，一辈子性格狷介，脾气暴躁，我怕他一言不合会和村里人抬杠。

　　等我抵达会场的时候，二表叔家门前的院子里已经坐满了村民，叔伯兄弟大婶大妈等等，年长的为主，年轻人不多，我们村共有三十多户人家，基本上每家都派了代表过来。二表叔正在发表演讲，主要把包坊行政村的一些政策思路传达给大家，希望大伙儿重视村里的各项工作，畅所欲言，各抒己见。

（二表叔家门前的村民会场）

　　伯伯见我过来，从口袋里掏出一包香烟，让我给村里父老乡亲们敬烟，由于我自己从不抽烟，所以我也没有带烟的习惯。于是我一边给长辈们发香烟，一边笑眯眯地跟他们打招呼，然后就待在一旁认真听他们开会。通过细细聆听，感觉大伙儿集中讨论了三个问题：

　　一、村里目前有一条水泥路穿村而过，直达播罗王村，但是村中南北方位的主干道还是石子泥巴路，一下雨就很难通行，拖了很多年，一直悬而未决没能修成。争取今年能够有所改变，其实主要

125

是希望政府执行"村村通"的策略，拨款下来予以修建，解决村民的实际出行困难。

前几年一直有传言，说要把我们小汤村整体拆迁掉，如果真的要拆迁，那就没有必要再修路了，由于这个原因，一定程度上也耽搁了这条村中内部道路的维修。近年来巢北地区很多村庄都消失了，包括我们周边的"小尹村""播罗王小村"等，司集、梁帝庙那边拆得早、拆得更多。

由于配套安置房建设滞后，被拆迁的农民暂时需要自行租房居住，日常生活带来诸多不便，导致这些村民们颇有微词。我们这边的安置房小区设定在黄山中学西侧、蒲塘冲村附近，貌似才刚刚平土动工，不知道明年底是否可以建成，衷心希望拆迁农户们能早日住进新家。

从传统乡土文化这个角度来说，我们自然是不希望村子被拆除的，毕竟祖祖辈辈生于斯、长于斯。倘若从迁巢四世祖汤有义公算起，先辈们已经在小汤村定居了四五百年时间，不能就这么简单地一拆了之。

二、我们村的当家大塘，水面辽阔，蓄水量大，相当于是一个小型的水库，是全村最重要的农业灌溉水源，大塘下沿就是几十亩的大冲田，主要种植水稻，大冲田一马平川，土地肥沃、使水方便，是全村人的粮仓。这几年大塘被大汤村的"二宝"承包，给他养鱼、放鸭、养鹅，但是二宝上缴到我们村的款项太少，村里没有真正得到实惠，收益不够，所以村民们建议暂时终止合同。

三、全村约二百亩水田，去年承包给巢湖中埠的一位种粮大户，承包租金每亩好像是310元，这价格不算贵。但是去年农业大旱，这位老板估计没有赚到钱，所以目前迟迟不予以答复，可能今年不想再承包了。搞农业风险大，三干两旱的，确实不好弄。

这个包田该怎么办？怎样才能妥善处理解决？一言以蔽之，无论如何都要把田包出去的，总不能撂荒吧！毕竟再过段时间，村里的青壮年都要外出打工，留守下来的"38、60"部队已经没能力再做田了，只剩下租赁给大户们耕种这唯一的出路。

我村虽处于丘陵地带，但总体农业水利基础尚好，有众多大小不一的水塘，星罗棋布地散落在田间地头，还有一条常年泉水叮咚的河沟连接到柘皋河，直通八百里巢湖，总体农田灌溉非常便捷。只要不遇到特别恶劣的干旱天气，农业收成还是可以确保的。

后经过我家婶妈妈从中斡旋，多方搭线牵桥，终于和柘皋的一位包田大户洽谈妥当，对方以每亩300元的价格承包了我村的水田，算是了却一桩事情，经济收益方面少一些总比没有好。

粮食价格多年一直在低位徘徊，谷贱伤农，导致村里的田地租金也涨不上去。不过倘若粮价居高不下的话，城市的市民们压力也就大了。唉，居家过生活，粮油事关民生，基层老百姓不容易。

从八十年代初农村实行联产承包责任制开始，小汤村好像经历过三次分田，应该都是用"拈阄子"的方式，好田、孬田全凭手气。我家刚开始分的土地，比如"老垄田""王棉田"等等，都是离村子好遥远，耕种极为不便。当时我家五口人分了一担多田，还加上爹爹奶奶老两口的，一年四季干农活，真的把我伯伯、妈姨（母亲）累伤了，妈姨现在一直腰腿疼，就是年轻时出力太多，过度劳累的后果，确实是天下农民最辛苦。

后来村里再次分田，伯伯就不想要田了，毕竟那时候还要按亩缴纳公粮、农业税以及其他提留款，做田真的不划算。1995年伯伯写给我的家信里还提及这次分田，当时我的户口已经迁到芜湖学校，所以就把我的那一份田给退掉了；这些家书已经有三四十年的历史，至今我都悉心妥善地保留着。目前我家水田加旱地还有六亩左右，水田统一租赁给种粮大户，每年可以分得一千多块钱的租金，聊以补贴家用，旱地就种点油菜、花生，家里留着自产自销，倒也绿色环保。

以上就是当天村里开会研讨的三个议题。会场上大家三三两两，随意地坐在长板凳上，抽烟、喝茶，你一言我一语，讨论得非常热烈认真，颇有古希腊、古罗马议事的民主风范，令人动容。除了第三个包田的事情当天顺利解决外，其他两项修路和大塘承包尚有待日后协调处理。相信我村在新任队长郑志宏二表叔的带领下，凭着他真心实意为群众办事的踏实作风，以及良好的人脉关系，一定会妥善处理好各种村庄事务，为村民们谋求福利，带领全村老少爷们早日致富奔小康！

后记：2022年10月27日，在"包坊村委会小汤村工作群"微信群里，看到滕奉权主任发言，说小汤村的循环路工程已经审核批准通过，此项目预计在2023年初完成。真是太好了。

（原刊于2020年3月29日"最忆是巢州"公众号）

回想当年盖新屋

阳春三月，阳光普照，非常舒适宜人。伯伯说，趁着天晴，把家里的屋顶修一修吧，以免渗水漏雨。春节后我和妻子、孩子们大部分时间都待在巢北乡下，这栋老屋一直以来给家人们遮风挡雨，是我们的栖身之所，特别是今年突然爆发的新冠疫情，让人尤为感觉到老屋的重要性。

伯伯花费了26块钱，从苏湾镇上买了一袋水泥，请村里的尹自水哥哥用三轮车驮回来，家中院子里还有些以前剩余下来的黄沙，这样材料基本上就够用了。

请村里的增余哥哥过来维修房顶，他是走南闯北的瓦匠师傅，做这点小工，对他来说是小菜一碟。

我们父子俩帮增余哥哥打下手，先用水把砂浆水泥搅拌调匀，用灰桶装好后，再踩着木梯子拎上屋顶递给增余哥。维修工作进展得很快，两三个小时就搞定了，屋脊前后两侧，增余哥都细致地抹上水泥砂浆，又逐一检查了屋顶的大瓦，瓦片都还好，没发现有破损的。

家中的这栋老屋已经有三十多年历史了。伯伯说他这一辈子最重要的功绩之一，就是盖了这栋老屋。确实，我们巢北地区一直是穷乡僻壤，以前想盖个房子真不容易，不仅仅是盖屋的资金问题，另外还由于刚刚改革开放，各种物资非常紧张，盖屋的建材很难购买到。

（老屋翻新中）

我家的老屋是1985年冬天落成竣工的，一溜排五间大瓦房，当时在小汤村算是"豪宅"了。父母从筹备盖屋，到真正完工，举全家之力前后花了近五年时间，这么长的时间跨度，盖屋之艰难可见一斑。

当时的乡下农民为了盖房子，首先要筹备资金，然后再准备所需的建材，有些材料有钱也不一定能购买到，不像现在直接去五金建筑大市场买买买，一站式就能搞定。

所以，还是先从我家积攒盖屋资金以及购买材料开始说起吧。

伯伯、妈姨当时才三十岁左右，年富力强，正是人生最好的年华。要想实现盖大瓦屋的人生理想，只能开源和节流，除了吃苦耐劳、按时按季种地之外，还要想办法从事副业赚钱，好在八十年代初期，社会管控已经完全放开，八仙过海各显神通，所有人都在想办法搞钱改善生活，发展经济，没有之前那么多的桎梏。

伯伯每年的上半年都去上江——也就是安庆望江等地做炕坊，帮当地的老板孵小鸡、小鸭子，安庆地区水网密集，河汊港湾众多，适宜家禽培育养殖。我家祖传的手艺就是做炕坊，老爹爹（爷爷）解放前跟他界墩集大舅学的孵化技术，后来爹爹把这个技术传授给伯伯，可惜到我这一代失传了。我小时候跟着他们一道，曾经在和县竹庙集、望江县雷池等小学读书，耳濡目染，对这个孵化行业算是比较熟悉。爹爹和伯伯在上江一带经营多年，凭着扎实的技术和吃苦耐劳的精神，积累了良好的口碑和人脉，那些年在外奔波虽然辛苦，应该还是挣了不少钱。

手头上有了资金积累，做事情就方便多了，父母遂开始着手购买建房所需的各种建材。盖屋最重要的材料是木头，巢北虽然也有山区，但是出产的优质木材很少，大料更少，主要还是依靠在外地购买。我家盖房子的木料，分为三次才完全采购配置齐全。

第一次购买的松树木材，是1980年春上，当时我小妹妹凤霞还没有出生，所以妈姨记得很清楚，她回忆说当时还挺着大肚子去扛木头。哎呀，这批木头运到我们村可真不简单，真正的跋山涉水。这一年伯伯在望江县雷池乡做炕坊，没错，就是东晋庾亮在《报温峤书》里写的"不敢越雷池一步"的雷池，和当地的朋友凌庆祥关系非常好，凌叔叔有个母舅，在对江的东至县香隅公社当村干部，香隅是江南山区，盛产木材，所以利用这层关系，方才从他们村中购得九十根松木，用他们生产队的大拖拉机轰咚咚地拉到江边，再用轮渡送至江北，暂时存放在雷池李家墩村的炕坊里。等到夏天炕坊工期结束，伯伯又联系货船，请当地人帮忙搬木材上船，顺水而下到芜湖，由芜湖二航局的巢县老乡张玉出面协调，卸货上货，搬上搬下，再包一挂老式解放大卡车，从芜湖穿山越岭一路颠簸，方才最终抵达我们小汤村。

这一批九十根的木头，其实是三户人家合伙购买的，相当于每家三十根。除了我家之外，其他两家买主分别是郑文贵舅爹和前文提到的芜湖张玉，张玉老家是隔壁安王村的，他也需要木头在老家盖屋。郑文贵舅爹和张玉是战友，军中袍泽，深入南疆，一起参加过六七十年代的抗美援越，两人退伍转业的时候，文贵舅爹就回到巢北团山公社，担任大汤大队的村支书；而张玉则分配到芜湖二航局当工人，实现了农转非，吃国家商品粮，对于那个时代的农村青年来说，这已经是非常幸运的人生出路了。

九十根木头一直堆放在我家堂屋里，我家三间土坯房，瓦屋顶，不是茅草房子，在当时家境还算不错。木头存放二三年后，逐渐干燥缩水，显得比较纤细，不够结实，估计不能当大梁使用，只能做做檩条，所以必须还要想办法，来解决房屋主梁的问题。

那时候农村商品市场逐步开放，1983年，伯伯在分路集柯尹路边交易市场上，又购得四根粗壮结实的大木头做横梁，其中最大的一根价格是115元，其他三根100元，当年这也算是一笔巨款。正好屋后的王尔文表叔家也要盖新屋，于是两家一道去购买木材，人多量大好还价，也便于统一装车运输。

就这样核算下来木材还是不太够用。开春到了1984年，安徽农村的经济状况日益改善，社会上一片欣欣向荣的景象，巢北临近的全椒县古河集是大镇，和巢县、含山、和县四县接壤，长江重要的支流滁河穿镇而过，交通便捷，物资丰富，码头上各种商品堆积如山。伯伯和妈姨这对青年农民，通过一年时间的辛勤劳作，打工、种地，应该又攒了点钱，冬闲的时候，伯伯和村里汤德松三爷结伴去古河街上，再次购得几棵东北大松木，用车子拉回村里，这就是我家老屋现在的主梁。

经过以上的三次采购，最重要的盖屋材料——木材，总算是全部置备妥当。

我家之前的三间老屋是土墙瓦屋，所以拆下来的旧瓦尚可继续使用，这批瓦是 1970 年柯尹瓦厂制作，瓦上有落款时间和烧制单位，一目了然，只是数量不够，我家老爹爹又跑去苏湾瓦厂购得若干大瓦，补齐新屋之所需。

伯伯和妈姨夫妇俩算来算去，还是觉得资金紧张，如果再去镇上的轮窑厂买砖的话，积攒的存款确实不够用，真是捉襟见肘，没办法，索性自家打窑自家烧砖吧，能省则省，毕竟两万块青砖也是一笔不小的费用。

那时候我们村的生产队长是德玉大伯和德伦大伯，两位长辈都曾在江南广德县做过窑工，我村七八十年代下江南做窑谋生的村民很多，包括我伯伯也有去过，他们懂技术有经验，一直计划着在村里打口窑，便于村民烧窑烧砖盖屋，所以 1980 年分田到户的时候，就把村后东北端的一块高坡地做了预留，准备做窑井，没有分给具体的人家。

1981 年由我伯伯主导修窑，窑址就是预留的村后高坡，大致就是现在德堂三爷家的位置，聘请分路石口村的邹师傅过来设计建窑。在全村男子汉的通力协助配合下，窑井顺利完工，整体高约数丈，窑门使用青砖加固，窑体内部用土坯逐层堆砌，全村人花了很大的精力，然而几年之后窑井就遭到废弃，沦落成小孩子们做游戏躲猫猫的场所。

那年我六岁，已经隐隐开始记事，记得烧砖先是要挑选黏性很强的黄泥巴，在窑场的空地上堆成一大片，牵着老水牛过来不断反复践踩，等泥巴搅和到黏糊软硬适中的程度后，用手工把泥巴掼进木制的模具里，模具四周填压均匀，再抹平泥巴，拓成半成品，然后打开木磨具，把土坯取下来摆放在修葺一新的砖梗上，砖坯排列得整整齐齐，由日头晒干，这个工序叫"掼砖"。干活的人们弯腰撅腚，风吹雨淋，非常辛苦，这项工作主要是由伯伯和山曹村道杰二舅合力完成。做好砖坯后，下一步就是装窑烧制，请塘头尹村的窑工尹师傅父子过来烧窑。

烧窑最好要用煤炭，但是煤炭是紧俏物资，不易购买。托关系找到大舅妈家的一个亲戚，这位亲戚姓杨，当时是苏湾团山饭店的经理，饭店要烧煤，有固定的上游进货渠道，所以请他帮忙，最终购买到内部平价煤炭，是质量最好的淮南煤，燃烧值大，出火旺。

就这样，起早贪黑、披星戴月地干了几个月，伯伯终于烧出了几万块青砖，除了自家使用的两万多块之外，多余的部分出售给播罗王村的村民，每块青砖的售价是4分5厘，赚了点加工费。

窑井非常给力的，后来村里众多人家，包括增贵哥哥、增华哥哥、凡胜哥哥等盖屋用的青砖，都是由这口窑烧制而成的。

墙砖的问题算是解决了，到了1982年，我家打墙基的大青石头也顺利搞定。青石是从东黄山麓的山王村购买的，道群大舅当时担任鲁桥乡的干部，由他出面协商，方才能够采购到这批石头。石头用大拖拉机从山里拉到我们村，村头小冲田那边的道路不好，泥巴烂路又狭窄，好不容易才把这些大家伙给推卸下来，堆放在我家老山墙对过的空地上。

1983年初夏，由前文提及的凌庆祥叔叔出面，找他在安庆物资局工作的战友帮忙，伯伯又购买了150公斤钢筋，把钢筋裁剪成每根1.5米的长短大小，打包捆绑结实，放置在安庆到巢县的班车车顶上，运回老家。

1985年，盖屋所需的水泥是由巢县维尼纶厂姨爹出面购买的。姨爹当时是维尼纶厂的保卫干部，正好厂里有个水泥分厂，所以顺利解决了水泥的问题。姨爹是我们隔壁的上徐村人，已仙逝多年；姨奶是我"嘎奶"（外婆）的亲妹妹，巢湖市栏杆镇小傅村人，上个月才去世，由于疫情防控原因，我们得到消息有点晚了，没来得及去吊唁，妈妈当天听到这个死讯非常悲伤，整晚都面有戚色。姨奶是我父母结婚的媒人，妈妈对她老人家非常有感情。我小学二年级的时候身体不舒服，经常需要到巢县四康医院看病，每次去县城都借住在维尼纶厂姨奶家里，作为一个乡下孩子，我在姨奶家第一次看到电视，看著名的《霍元甲》和日本动画片《铁臂阿童木》，一晃三十多年过去了，看电视这一幕依然记忆犹新。

终于，父母几乎动用了所有的社会关系，盖屋所需的各种材料方才全部购买齐全。万事俱备只欠东风，1985年农历九月份稻子收割完毕，农忙暂时告一段落，利用这个间隙，我家正式破土动工盖新屋。原本只想盖四间，我老爹爹说还是盖五间比较周正大气，遂遵从了他的意见盖五间。

盖房子是农村的大事情，家里亲戚都过来帮忙做小工，特别是山曹村的几个舅舅，包括我德传大大，出力尤多。木匠大师傅请的是苏喜塘村苏元寿表叔，瓦匠大师傅请的是小苏村苏长青表哥，匠人的工钱是2块钱一天，小工都是家里亲戚，加上村里叔伯兄弟帮忙，基本上都没付工钱，当年的乡村人际关系确实非常淳朴。

盖新屋首先要把之前的三间老屋拆除，然后用生石灰打夯土、下石头墙角、砌墙，一层一层往上垒，由于这年的秋冬季节天气不好，一直阴雨连绵，前后忙活了一个多月时间，终于盖成这五间华屋，真是不简单。现在年轻人在城里按揭买房，很难，其实当年农村盖房也是一样的。"长安米贵，居大不易"，年轻的时候，谁没个困难之处？抗一抗、熬一熬，艰难的光阴就这么熬过去了。

盖屋期间，伯伯和妈姨忙忙碌碌，整天买材料、买菜、烧饭伺候匠人师傅，对我们三个小孩子疏于照顾。我脚后跟被石头棱角边划破了，也没空去"赤脚医生"增兰大姐那里包扎一下，天冷，伤口一直没愈合，貌似长脓了。大妹妹风云披头散发，头发上长虱子，直到后来妈姨用开水不断浇烫，才把这些可怕的小东西给清除掉。

华屋落成，清晨时分，匠人们早早过来，爬高放低来上梁，两个大师傅一左一右，互相协调配合，把主梁嵌进预留的卯榫里面。同时焚香放炮，大梁上披红挂彩，悬挂的都是亲戚们行情送的被单面子，花花绿绿的煞是好看。匠人们从梁上向屋内屋外围观的人群抛洒水果糖、欢团、红花生、片糕，孩子们则在下面不断发出欢呼声，争抢这些可爱的家乡特产小零食，好不热闹。上梁之后，紧接着在屋顶上铺毛竹，再披芦席、上灰巴、盖大瓦、小瓦刹屋脊、两头招飞子，一气呵成，完成整个盖屋的收尾流程。

几天之后，为了庆祝房屋竣工，同时感谢亲朋好友的出工出力，我家和王尔文表叔两家合伙，邀请了"吴神经"师傅来村里放电影，尔文表叔家当年也盖了新屋。

电影放映场地就设在我家的五间大瓦屋里。曲终人散清扫场地时，发现伯伯从江南挑回来的竹椅少了一张，少的是最小的一把竹椅子，那是我小妹妹凤霞的专座，丢了真是可惜。

以上就是我家盖屋的全部过程。几十年来，这栋花费了父母半辈子心血的老屋，一直庇护我们，如同父母对待自己的儿女一般。

每年清明前后，我都回老屋居住几天，无论是春光明媚还是春雨连绵，那种春天特有的奇妙感受，熟稔而亲切，令人心旷神怡、放松惬意。希望我和我的子孙们，一定要善待我家的老屋，争取定时修葺、定期添砖加瓦，精心呵护父母们的劳动心血，保留一份游子心中的乡愁。

（原刊于 2020 年 4 月 2 日 "最忆是巢州" 公众号）

界墩一集分两地

倘若不了解底细的话，现在的界墩集，无非是巢北丘陵地区，成百上千个默默无闻村庄中的普通一员。

我之前从合肥回老家，基本上走肥东文集岘山口这条线，每次都必须路过界墩。栏滨路开通后，新路车少人少交通便捷，所以现在都是从柘皋下高速走栏滨路，界墩依然是必经之地。其实开车穿村而过的时候，风驰电掣，只是片刻之间而已，村里稍微醒目一点的标志，应该就是马路边上树立的修路功德碑吧。

但我知道界墩集不是这么简单的，她是有深厚历史底蕴的，是一个有故事的家乡小镇。早年侵华日军绘制的老地图上，总是清晰地标注着“界墩”，这是一个让日本侵略军非常关注的战略要点，它的重要性由此可见一斑。所谓“界墩”，顾名思义，就是以此为界设墩的地方，村里有一条街巷，巷西北属于合肥县管辖，巷东南属于巢县管辖，一街横跨两县，成为界墩最大特色。前段时间我特意去村里转了一圈，寂寥空旷的水泥巷道，两侧排列着风格雷同的乡村白色小楼，已然看不到有丝毫的特别之处。

在家族老人家们的口中，界墩集还是非比寻常的，作为巢县、合肥两县分界的物资集散流通之地，这条街上曾经是茶馆云集，商贾林立，南来北往，热闹非凡。

小时候听爹爹奶奶们说，家族的老太太们总喜欢上界墩集赌钱、吃大烟。赌钱主要是“推牌九”和“掷骰子”，以前的社会也不禁赌，四乡村民，到处游狎，赌风日炙，很多人整天沉迷其中。

　　我老爹爹的二伯，名讳叫作汤从德的老太，一辈子吃大烟，家有薄产全败光，孑然一身也没有结人——所以根据家乡习俗，每年清明节上坟培土的时候，我们下辈给他的坟头只摆放一对坟茔帽子，而其他夫妇合葬老祖的坟上都是放置两对。这位家族先辈长期游荡在界墩街上，在赌场、烟馆这些销金窟里厮混，有钱就肆意挥霍，没钱就帮忙、帮闲，聊度余生以终老。

　　我奶奶提到这些吃大烟的长辈，她老人家总是一副深恶痛绝的样子。大烟就是鸦片的俗称，二十世纪初我的故乡，到处都种植着这种艳丽而恐惧的植物。漫山遍野高耸的罂粟花，在和煦的春风里不断轻舞摇曳，娇美而魅惑，令人沉沦。

　　据《柘皋志》载，1934年国民政府为了将鸦片集中在云贵川边境种植，决定内地禁种鸦片，安徽全省总动员，巢县县长洪子远和巢北"红枪会"方立华谈判铲烟苗，协商未果。芜湖专区保安副司令胡佩庚、当涂县保安大队长任森等军官纠集巢县、无为、含山、当涂四县保安队五六百人，在3月底进驻柘皋、包家坊等地，强行铲烟，和上千"红枪会"成员爆发冲突，战况激烈，导致官军阵亡7人，红枪会牺牲18人。红枪会虽人多势众，怎奈枪炮武器落后于保安部队，最终官家大获全胜，沿途主要产区的罂粟被捣毁，周家岗、金家冲、河稍刘、大树刘等二十余村庄亦遭焚烧，但红枪会领袖方立华没有被追究罪责，算是网开一面。这一本土重大武装冲突事件，我小时候有听我爹爹说过，当年他大概十三四岁吧，少年人精力充沛，可能也跑去现场看热闹。我巢北民风素来彪悍，果然是名不虚传。

　　按照现在的理解，毒品危害深重，禁毒当然是百分百的正确，但是当地百姓一直就是靠种烟谋生，倘若操之过急，必然会激起民变，导致两败俱伤的局面。只要事关民生，历朝历代的执政者们，都应该慎之又慎，不可轻举妄动。

　　2月29日这天在家闲居无事，带两个小伢子散步。从苏喜堂村后面的马路，径直走到界墩小学，可惜现在是防疫期间，小学的大门紧闭，不得入内，但是透过围墙，可以看到校园里高大的玉兰树上，缀满了白色的花瓣，在柔和的夕阳照耀下熠熠生辉。

我们大汤小学裁撤掉之后，周围几个村庄的小孩子们，基本上都转到界墩小学就读，曹芳表妹幼年时借宿在我家，就是在界墩小学念的书。

界墩小学还是我伯伯（父亲）的母校。他童年时代跟着爹爹奶奶在外地辗转讨生活，颠沛流离。1960年他在枞阳县横埠左岗小学上学；1961年在太平县广阳新丰小学念书——陈村水库修好之后，千年广阳古镇被淹没湖底；1962和1963年就读于安庆市北门菱湖小学，求学之路可谓坎坷。之后巢北形势稍微好转，遂返回村中居住并且在界墩小学上学，一直念到六年级高小毕业，还去位于龙华寺旧址的黄山中学报考初中，可惜时间已经到了1966年，全国各地开始文化革命，所有的学校都停止招生，他没办法继续读书，只能辍学回村中当了半辈子农民。

据伯伯回忆，当年的界墩小学，位于界墩最东边的岗头上，可以居高临下地眺望傅家冲村，而不是现在的校址。校长是张东平先生，赵集公社张旺村人；教导主任胡青平先生，柳集公社南周村人；他的班主任兼语文老师叫戴玉璞，是苏湾山戴村人，戴先生是地主乡绅家庭出身，的确，能起这么文雅名字的，一看就是来自书香门第。班上有位叫徐士贵的同学，学业成绩不太理想，和老师有教学矛盾，竟然在学校贴出大字报，说要打倒反动地主"狗崽子"戴玉璞，闹得全校沸沸扬扬，好在这事最终也是不了了之。

我上初中的时候，记得学校有几位老师是界墩人，其中印象比较深刻的是苏自宽老师，老爷子2018年仙逝，享年84岁。苏老师是我初中好友王友权的亲戚，王友权当时借住在他的学校宿舍，我曾经在宿舍里读过苏老师发表的诗词楹联作品，老先生国学底蕴深厚。去年我曾经在合肥花冲图书群里淘得三册苏老师编纂的诗稿，九十年代的油印本，都是关于"咏梅""咏柳"的古体诗小册子，算是因缘际会、机缘巧合，后来还在网上购得老爷子的自选诗集《眉山堂诗集》。

（苏自宽老师编印的诗集）

另外一位是宋贞汉老师，我记得是界墩或者是界墩隔壁的东徐村人。当年在苏湾初中，他教授我们英语课，那时候他刚刚从学校毕业，风华正茂的样子。已经很多年没有见过宋老师了，不过我添加有宋老师的微信，偶尔和老师在微信里聊上几句。宋老师是安徽省楹联学会理事、中华诗词学会会员，对楹联、古典诗词非常擅长，苏自宽先生逝世等讯息，都是宋老师告诉我的。

界墩还有一位文化名人，就是苏士珩先生，老先生除了当官之外，还担任巢湖文化研究会会长等社会职务。2017年巢湖商会在合肥大兴集开年会，我有幸参加，获苏老签赠其主编的《环巢湖名村》一书。前文提及界墩马路边上的功德碑，勒石记事，就有提及苏先生，为了修建村中的这条道路，他应该出力蛮多的。其碑文上的诗句曰："苏公合与众乡亲，集道修成以片心。乐善常思除垢浊，好施热念献诚真。疏财怀德情尤切，助物捐资意更珍，佳话界墩留典范，当碑后世记仁恩。集道修成接澳归 苏士珩乡贤暨众乡亲 感此敬呈。 苏自宽诗 王公寿书"。

我巢北地贫人瘠，经济凋敝，但一直文脉瓜瓞绵绵，确实值得称道。

（界墩马路边上的功德碑，表彰苏士珩先生）

界墩东南的一处高坡，俗称"尖岗"，上面有一座小庙，供奉的是地方神灵"尖岗老太"。奶奶在世的时候，每月逢初一、十五，都会过来烧香跪拜，她是"尖岗老太"的虔诚信徒。倘若我们小孩子有个伤风感冒，她必然会过来烧香祷告，然后把燃烧后的灰烬携带回家，放入青花大碗之中，再用开水冲泡好，给我们服用。至于治病的效果到底如何，时光久远，我也不太好妄下断言，只记得这种"仙方"有股淡淡的香火味道。

前段时间我特意去界墩"尖岗庙"瞻仰，裤子口袋里正好有一张五十块钱的钞票，于是掏出来塞进功德箱，在那一瞬间，我不由自主地想起奶奶，老人家已经去世十三年了，希望她在"天国"的世界里能生活得幸福开心。

（原刊于 2020 年 4 月 10 日 "最忆是巢州"公众号）

播罗王村话沧桑

从小汤村沿着马路一直向西走，穿过最肥沃的大冲田，再攀登上一片种满杉木的岗头，就抵达播罗王村。

其实我不太了解这个村庄，对这个有点古怪的村名也颇为费解。据说晚清民国时期，有王姓人家在此岗头上定居，躬耕闲暇之余，还利用竹篾编制农用簸箩，再将编好的簸箩挑到界墩集售卖，由于簸箩质量上乘，在附近一带小有名声，后有人问起这丘岗，路人不知地名，只说有以编簸箩为生的王家人居住在此，遂把这个村庄称为"簸箩王"。簸箩王的笔画较多，旧时村民识字少，于是被简化成"波罗王"，户籍登记时"波"谐音成"播"，村名最终演变成"播罗王"。

好多年前我来过几次播罗王，每次来都是来找同学玩，少年时代的同学王友权、王修良都是这个村的。记得有一年春节期间来找王友权聊天，他们家的叔伯兄弟正在屋里"推牌九"，一屋子人，烟雾缭绕，热气腾腾。乡民们打工、种田辛苦劳作了一年，最好的人生享受，就是过年期间走亲访友欢聚一堂，打打小牌、喝喝小酒，欢度这难得的休闲时光。

前两天清明节回老家祭祖，在乡间的田埂上遇到王友权，彼此寒暄几句，聊了聊近况，相约改天一道聚聚小酌两杯。以前念书的时候，王友权学习成绩良好，个子高长得帅，遗憾的是初中毕业时没能考上学校，后来就一直在外谋生创业，现在经营一家超市商店，位于合肥五里庙，日子过得惬意。当天相遇的时候，还见到他的公子——一位仪表堂堂的英俊小伙,已经在念大学了,反观我家大儿子才刚刚上初中,不由得让人徒生羡慕之情。

(播罗王村修路的"功德碑")

　　最近由于疫情影响,经常回巢湖老家小住。天气晴朗的时候,就带两个小伢子沿着马路散步,有时候不知不觉就走到播罗王村,有一次还穿过村庄的核心区域,抵达他们俗称的"播罗王小村子",可惜这个"小村子"去年被政府拆迁,经过整修之后,现场除了还剩一点断砖残瓦的痕迹,原先的宅基地已经和耕地浑然一体。

　　今天在家翻阅旧杂志,2014年2月份的《南方人物周刊》上面刊登一则消息,说2000年的时候中国有370万座村庄,到2010年,这一数字下降到260万,意味着每天有三百个村子消失。十年之后的2020年,我不知道又有多少村庄不见了。

　　3月29日是周日,我继续待在老家。这两天降温,从艳阳高照骤变为阴雨连绵,所谓的倒春寒,"乍暖还寒时节,最难将息",前晚居然下了点小雪,隐隐望去,东黄山顶上覆盖着一层薄薄的雪花,让人略感惊诧。

　　当天上午带孩子们在马路上闲逛,天空飘洒着若有若无的蒙蒙细雨。在村口遇到我婶妈妈,她老人家一直信奉基督教,她说今天

144

是礼拜日，她要去播罗王村做礼拜，正好我们也没啥事，就陪同她一道去。

在我们老家这里，乡民们主要信奉的还是佛教，可能还包括一些地方神灵大仙——比如我奶奶一辈子虔诚供奉的"尖岗老太"，当然，对于正统宗教人士来说，这些玄之又玄的信仰未免有些野狐禅，但是它能一直绵延不绝地存在下去，一定程度上寄托了贫苦乡民对美好生活的向往之情吧。

我巢地处江淮之间，吴头楚尾，南北交界，千百年来，这里一直是战乱不宁。从有史料记载的成汤放夏桀于南巢开始，到春秋时期吴王北上争霸、三国魏吴鏖战、两晋南北朝对峙、隋灭陈、五代十国杨行密、靖康南渡后的宋金之战、元末明初农民大起义、太平天国运动的疯狂杀戮、日军侵华的罪恶行径等等，历朝历代的鼎革变迁，巢北家乡总是首当其冲、兵燹不断，加上其他种种莫名其妙的天灾人祸，给当地民众带来无穷无尽的苦难。只是改革开放这四十年来，总体社会稳定、经济繁荣，老百姓们的生活品质才稳步改善。在那些颠沛流离、无望难挨的历史长河里，宗教——无论是外来的还是本土的，无疑给予了父老乡亲们生存下去的勇气和抚慰。

故乡的传统女性，质朴善良，勤俭持家，但是囿于数千年来的种种封建桎梏，很多农家妇女文化水平不高，家庭地位低下，除了要参加繁重的农业生产，还要应付各种琐碎的家务矛盾。如果家中子女众多的话，生活的负担会更加沉重，从而导致很多老人家的晚年非常窘迫无助。

在这种历史和现实的状况下，宗教信仰给予本地民众的人文关怀、精神慰藉，对于纾解个人内心伤痛、化解社会矛盾、和谐乡里、扩大村民的人际交流等方面，应该具备重要的正面积极意义和熏陶教化作用吧。

（原刊于 2020 年 4 月 21 日"最忆是巢州公众号"）

山里许村看夕阳

　　国庆期间放假，和父亲、次子汤义之祖孙三人从合肥返回巢北老家，带孩子回农村，主要是想让小朋友感受质朴宁静的乡村生活。

　　午休醒来，心心念念地想着要去一个叫山里许的村庄看看。之所以有这样的想法，缘于上次在合肥遇到一位叫许庆波的老先生，老人今年九十一岁了，老家就是山里许的。许老1948年—1951年在巢县黄麓师范学校念书，毕业后分别在皖北文教处、安徽省文化局肃反办公室、省电影发行放映公司、省农科院等单位任职，人生经历丰富，常年坚持写作，是巢北地区走出去的文化人。

　　记得在苏湾初中念书的时候，有几位同学就是山里许村的，但这个村子我一次也没去过，隐隐感觉村庄是靠近东黄山的山沿边上。

　　高德导航显示从我家过去大概七八公里，于是驱车出发，从苏湾苗圃右拐上S331省道几百米，路边高耸着一个蓝底白字的指示牌，上面标注着"大何村　山里许"，然后沿着这个指示牌向南拐上一条水泥路，又见到路边草丛旁立着一块"功德碑"，碑上记载着修建这条公路的投资金额130万元，除了由包坊村委会组织实施之外，还有大何村、湾塘堰村的个人捐款名单，这么多乡党慷慨解囊捐钱修路，真是积功德的善举，给他们点赞。

（路边指示牌）

继续前行，沿途秋意渐浓，风景如画，一大片高低起伏的稻田里，长满着沉甸甸的金黄色水稻穗，展现出一派金秋的丰收景象。村口的荷花池塘中，荷叶有的已经开始枯萎，如同列兵似的，密密麻麻地矗立在水塘中央。车子穿过大何村和山何村之后，乡村水泥路的前方，出现了一架雄伟的高速公路高架桥，四根粗壮的水泥立柱，承载着这横跨村庄、田野、丘陵、河流的高架，一直延续向远方，这就是正在修建中的"明巢高速公路"——望文生义，这段高速，应该就是从明光市贯穿到巢湖市的吧。

穿过明巢高速的桥底，山谷之中突然闪现一处宽阔的水域，视野豁然开朗，这就是鸥子山水库。下车用手机拍照，清爽的微风从湖面上轻轻吹来，让人精神为之一振，心旷神怡，在蓝天白云的映衬下，这泓碧绿的湖水，像一个清纯柔美的小家碧玉，安安静静地斜躺在四周青山的怀抱之中。巢北地区类似这样的小水库星罗棋布，一片片静谧的湖水，把家乡点缀得更加俊美妩媚。

过了鸥子山水库，沿着略显蜿蜒的山路行驶几分钟，就顺利抵达山里许村。公路应该修到这里就到此为止了，如果想继续往南走的话，估计只能徒步翻越这苍茫的大山。

在村口遇到一位正在放大白鹅的村民老哥，于是停车上前和他打招呼。老哥说他今年65岁，儿子当兵退伍后，在四川成都定居落户；山里许村子最鼎盛的时候有上百户人家，房屋几乎都依山势而建，分散在山脚下各个平坦的空地上；村里重视教育，这几年每年都有蛮多年轻人考上重点大学，考取硕士、博士的也大有人在；四周山上物产丰富，种植有苎麻、茶叶等经济作物。

老哥最近上山采摘了十几斤小野枣子，是极好的泡酒佳品。现在生态环境越来越好，导致山区野猪有逐步泛滥成灾的趋势。这些獠牙利齿的家伙们成群结队，大肆啃食玉米、山芋等农作物，让村民们颇感踌躇，不过只要你不去招惹他们，野猪也不主动攻击人类，算是彼此相安无事吧。这位老哥讲话风趣，和他聊得津津有味，我说想进村里再参观参观，老哥让我继续开车，把车子停在村中央的小广场，以便于调头返回。

停好车，在山里许村中闲逛，村子占地面积挺大的，到处都是大树参天、溪水潺潺。沿着涧水边上的小道缓步而行，但见一口古井，颇有年头，古井旁边，又有一汪泉水，清澈见底，泉上横担着几块大青石，便于村民浣衣洗濯。溪旁有几栋清末民国的老屋，别具特色，老屋的底座基本上都是山石垒起来，算是就地取材，墙体再砌以青砖，屋顶覆盖黛色小瓦，典型的江淮民居特色，部分老屋也已坍塌，裸露出屋内的木头立柱和横梁。

正举着手机四处拍照，一位倒垃圾的大姐跟我寒暄起来，我说村里是不是有位叫许庆波的老人家，当年一直在合肥工作的？这位大姐听我这样说，立马开心激动起来，说许庆波是我家二伯，我是他的侄媳妇。啊，这么巧合，哈哈，然后这位姓史的大姐，热情地邀请我去她家里坐坐。

来到史大姐的家中，前后两间平房，房屋底座也是用片石垒砌而成，中间是一个清爽干净的小院落，种植着花草树木。许大哥正好在家中，两口子很热情地介绍他们家族的历史渊源，原来许庆波兄弟姊妹四人，大伯，也就是许庆波的哥哥——名讳应该是叫许庆钧吧，早年学校毕业，走南闯北，后回乡办私塾教书育人，精通医术，在周边十里八乡是非常有名望的大先生，至今家里还保存着老人家曾经使用过的线装古书。史大姐她们家有一个儿子，目前在阜阳师范大学读大二，倘若将来从事教育行业的话，那算是真正地继承发扬家族的教育事业。正在说话间，一位精神矍铄的老奶奶走了出来，是史大姐的婆婆，老奶奶九十多岁，满头白发，穿得整整齐齐、清清秀秀。这一大家子生活在这空气清新、青山绿水的神仙宝地，真是前世修来的好福气。

史大姐领着我参观村里几处仅存的老屋，又去村中央瞻仰一棵白果树，传说是他们许氏始迁祖当年亲手种植的，至今已有好几百年历史了。

白果树也就是银杏树，树龄在百年以上的古树在我们巢北地区尚有几株，比如方涂巷村的天台禅寺、龙华寺的老黄山中学等地都有。眼前的这一棵白果树同样也是高大遒劲，历经岁月的沧桑，树冠部分不算茂盛，因为被旁边的电线干扰，影响了生长。对于这样的百年老树，建议当地政府部门应该要挂牌保护，希望各界朋友能多方呼吁，引起重视，以免遭受不虞之事。

古树的南侧以前是许氏的祠堂，现在已经是片瓦不存。巢北的许氏和我们汤氏一样，都是明代早期移民，其迁巢始祖忧公本姓陈，系江南句容县南乡枣岭岗铁井槛陈家墩民籍，后为避世改陈姓为许姓。

据说六十年代山里许村不慎突发大火，风助火威，一下子烧了四十多户人家，导致村里原本古香古色的民居建筑，被一焚而空，大大地折伤了村里的元气。好在改革开放之后，经济迅猛发展，一切都恢复起来。去年夏天的时候暴雨滂沱，山洪暴发，有三户人家的房屋被泥石流冲走，没有人员伤亡，也是万幸，可能是因为这个原因吧，我在村口看到有一个地质灾害点的值班室。

　　跟众多巢北的村庄类似，年轻人也都纷纷离开乡村，搬迁至城里居住生活，老祖先们遗留下来的老屋逐渐地荒废倾颓，虽然无奈，也是实属正常，毕竟社会在进步、在发展，城镇化是有其积极意义的。

（夕阳映照下的金色稻田）

　　见天色渐晚，遂向史大姐告辞，互道郑重。驱车回家，归途秋色尽染，连绵起伏的山峦、郁郁葱葱的植被、金黄灿烂的稻田、村中晚归的家畜、村首聚集的老人，构成了一幅恬静和谐的画卷，再加上天边红黄交织的晚霞，万丈光芒，映衬着回家的道路，故乡的山山水水真的是太美了。希望若干年后，可以仰卧于东黄山的佳山秀水之间，归隐于林泉之下以终老。

　　　　　　　　　（原刊于2021年10月7日"最忆是巢州"公众号）

第二部分　书香馥郁

《缅北之战》读后感

　　黄仁宇先生的书陆续购买了几本，最初的两本《万历十五年》《大历史不会萎缩》，都是2004年客居南宁时，购自广西大学校门口的"三联书店"。而这本《缅北之战》却已经是从"当当网"上购得的，由此可见，网店已开始逐渐分流实体书店的销量。

　　黄先生本身经历丰富，早岁求学南开，中途辍学投身行伍，后又辗转求学海外，遂成大家。特别是《万历十五年》一书和他的"大历史"观，为海内外学人所瞩目。前段时间读吴思的《血酬定律》，书中吴先生说他从八十年代中期开始，曾认真阅读《万历十五年》达四遍之多，可见这本书对那一代知识分子的深刻影响。

　　这本《缅北之战》，是黄仁宇先生身为中国远征军入缅作战的一名下级校佐，同时兼职战地记者，为《大公报》等报刊所撰写的前线报道，并随后结集出版发行，算是黄先生的第一本著作。

　　以前粗读中国远征军的二次入缅作战史料，感觉反映的都是宏观大局，描述的都是敌我双方高层的战略意图，很少能够看到一些展现中下层官兵的具体材料，而本书却可大致弥补这方面的缺憾。作为一名亲临战线的前线观察员，黄仁宇为后人展现了当年战场上的诸多细节：艰苦恶劣的自然环境、战士们同仇敌忾的决心、高昂的战斗意志和士气，均一一记录无遗。

　　通过本书的描述，黄先生亲身参与了数次战斗。而他的文字想法是"注意营以下的动作，尽量避免涉及高级官长"，所以在文章中，我们可以看到他穿梭于各级军事机关之间，和营长、连长、参谋等军中同袍并肩战斗，并且还有亲自跟随"战车队"冲向倭寇的真切描述。在《密芝那像个罐头》一文中，我们看到了这个年轻的上尉在战场奔跑时，被日军三八式的步枪弹击中他右边大腿，比较幸运的是子弹没有伤及骨头。

1943年夏，中国远征军、驻印军厉兵秣马准备反攻滇缅。黄仁宇也从其他部队加入驻印军中。以这些热血青年为主体组成的中国远征军，从1943年冬反攻入缅，展开第二次缅战，在人迹罕绝的异域丛莽中，中国健儿克服重重困难，一路攻城拔寨，历经战斗七百余次，杀伤日军十万余人，至1945年初终于打通中印公路而凯旋返国。

中国远征军两次入缅作战，是鸦片战争以来，我国首次在国门外投入如此众多装备精良的大军，真正扬国威于外域。

当年缅甸战场上，数万青年战死沙场，马革裹尸而还，其中就包括我们安徽无为人第五军新200师长戴安澜将军。戴将军战死后，国民政府于1943年4月在广西全州湘山寺为其举行国葬，2001年我在广西做轮胎销售工作，曾数次路过桂林全州县，可惜没去过当地著名的湘山寺。后戴将军迁葬于芜湖小赭山。少年时代求学芜湖时，曾和同学一道去先烈墓碑前瞻拜。今年春天我出差芜湖，还特意去了趟赭山公园，沿着山道爬到半山腰，来瞻仰戴将军的陵墓。墓园掩映在一片松柏鲜花丛林之中，但见墓前立着一座戴安澜的雕塑，由徐向前元帅题词，将军一身戎装，右手持杖，左手端腰，胸前挂着望远镜，目光如炬，注视着远方。当时正是阳春三月，鸟语花香，将军安躺于家乡温暖宁静的大地上，泉下有知，想必也是深感欣慰的吧。

（戴将军戎装塑像）

说到这里，就不能不提及另外二位远征军的高级将领：卫立煌和孙立人，此二将皆是我皖人。抗战期间，"淮军"相比川军、桂军等来说，总体战果建树一般，包括皖系的军政事务，也都委于桂系将领廖磊、李品仙等人的手中。唯有在滇西、缅甸战场，上述三将，为江淮子弟赢得了良好的声誉。

卫立煌将军，安徽合肥人，号称国民党军队中的"五虎上将"，虽非黄埔嫡系出身，然确系一员虎将，自投身军旅以来，一直均有不俗战绩。1943年国民政府成立中国远征军，卫将军担任司令长官，负责打通滇缅公路，保证云南到印度这条中国大西南战略补给线的畅通，可见当局对其的倚重。拙荆的家乡金寨县曾以他的名字命名，近年来金寨推出的"燕子河大峡谷""天堂寨"等风景旅游区，号称拥有"华东最后一片原始森林"。弹指沧桑之间，当年两军对垒的激战硝烟早已散去，留下的是巍峨俊秀的山川景色。

由于在抗战期间和中共建立良好的合作关系，卫立煌将军最终的人生结局还是很完美。1955年春，卫将军从香港返回内地，随后担任很多重要的高级职务，相比于他当年的军中同僚来说，已经是非常幸运的。

孙立人将军，祖籍安徽舒城三河镇（今属肥西），生于庐江县金牛镇，先后就读清华大学、美国普渡大学、弗吉尼亚军校，被称为"丛林之狐""东方隆美尔"。在担任中国远征军新38师师长的时候，直接指挥了入缅甸首仗——仁安羌战役，解救7000英军，以及被日军俘虏的英军官兵、传教士和新闻记者500余人。到1943年10月，中国驻印军开始向缅北大举反攻，第二次缅甸战役打响，孙立人指挥新38师直扑缅甸胡康河谷，重创日军精锐的第18师团，可谓是所向披靡。

可惜孙将军在二十世纪五十年代，被台湾当局扣上"兵变"的莫须有罪名，一直关押软禁到耄耋之年！想当年"壮岁锦旗拥万夫，锦襜突骑渡江初"，而今却只能发出"长使英雄泪满襟"的感慨。

历史就是这样波诡云谲，在缅甸战场立下赫赫战功的中国远征军，回国后被投入了国共内战的战场。几经浮沉变幻，如此铁军，最终湮灭在东北的白山黑水之间。

从这个意义上来说，黄仁宇能够从内战的漩涡中全身而退，并且转而留学海外，终成一代学术大家，真乃是上苍的眷顾。

（初稿写于2012年，2022年3月7日修改）

《历史三调》读后感
——"圆桌派读书会"分享

感谢群主"鬼鬼书生"汪永嘉老师推荐柯文先生的这部著作，非常荣幸能有机会在线上和各位群友分享我的读后感。

这本《历史三调：作为事件、经历和神话的义和团》（社科文献出版社 2015 年版）的英文原版曾荣获 1997 年美国历史学会费正清东亚历史学奖，作者柯文（Paul A. Cohen）是著名汉学家，1934年 6 月出生于美国纽约，师从费正清教授和史华兹教授，致力于中国思想史和中西关系史研究。柯文的著作还包括《中国与基督教：传教运动与中国排外主义的发展，1860—1870 年》《在传统与现代性之间：王韬与晚清革命》《在中国发现历史——中国中心观在美国的兴起》等。

《历史三调》全书的整体结构设计非常巧妙，使用三个相对独立的版块，对义和团运动的发轫到终结，作了不同层面的阐述——也就是所谓的"三调"（Key），从各个维度把 120 年前发生在中国的这一重大历史事件，做了全面深刻的剖析，以"局外人"的角色定位，从而达成"历史学家是现实与历史之间的调解人"的研究目的。

回顾全书，在第一部分"作为事件的义和团"里，柯文把义和团兴起到覆灭的整个过程做了详细描述，这一章节的内容，和我们之前阅读的传统义和团史料还是比较契合的，可以理解为"讲故事"。

第二部分"作为经历的义和团",相当于是采访曾经亲身经历义和团运动的各种社会成员,多方搜罗这些成员的口述、日记、著作、书信等素材,逐一恢复当年的实际历史事实。由于这些参与者包括义和团拳民、官绅、传教士、联军官兵,身份角色各异,他们看待这场运动的角度不同,各自表述的观点也大相径庭,和黑泽明电影《罗生门》颇有异曲同工之处。

在这一章节里,柯文除引用官方编修的近代义和团档案史料,还参阅叶昌炽《日记》、刘孟扬《天津拳匪》、管鹤《拳匪》、刘大鹏《琐记》、唐晏《庚子西行》、仲芳氏《庚子记事》等人的著述,以及当时西方报刊大量的新闻报道,力求客观全面。

第三部分是"作为神话的义和团",这章节最具有现实意义。书中分别介绍了三个不同时期对义和团的描述和评价:新文化运动时期、二十世纪二十年代反帝斗争时期和"文革"时期。

新文化运动时期,对于义和团运动,学界从最初的"邪教""拳匪",是中华民族致祸之乱,是"煽惑",到逐步有所好评;其中邹容把"野蛮之革命"和"文明之革命"做了区分,随后陈独秀、鲁迅诸位先生对义和团的评价日趋正面。

二十年代反帝斗争时期,由于"五卅惨案"的爆发,激起国人对帝国主义的痛恨,陈独秀、蔡和森等人撰文肯定义和团运动的积极意义,逐步正面评价义和团运动。同一时期,胡适和蔡元培等先生依然对运动持温和批评态度。

"文革"时期对义和团进行了更为正面的评价。可以说,这一时期对义和团的正面评价达到了史无前例的程度。"文革"十年期间,有两次正面评价义和团的活动达到了高潮,包括1967年春开始批判刘少奇主席;以及1974—1976年的批林批孔和反苏修运动,呈现出以"红灯照"嫁接样板戏《红灯记》的艺术形式。

可以说在整个二十世纪,对于义和团运动不同时期的表述解构,其背后都有浓厚的时代需求因素。

《历史三调》引用了大量翔实的史料，其注释、文献目录、索引部分占到全书三分之一的篇章，在这些言之有据史料的基础上，作者抽丝剥茧，力图站在公允的立场，把这一历史事件做了深刻全面的发掘，为读者展现出波澜壮阔的历史画卷，让我们在深入了解历史真相的过程中，得以反思感悟，得以警醒。

回顾历史，站在上帝视角，个人觉得义和团运动是一场彻头彻尾的悲剧，在这场狂飙血腥的运动中，除了被杀害的几百名洋人传教士和其眷属、少量联军战死士兵之外，其他殒命的都是中国人，据说死去的中国人有数十万之众。死亡的名单有被慈禧冤杀的"庚子五大臣"，其中太常寺卿袁昶和安徽颇有渊源，他曾担任徽宁池太广道的道台，在任上重修芜湖中江书院，也就是现在的芜湖一中前身；另一位被冤杀的许景澄曾担任京师大学堂的总教习，相当于是北京大学的校长。

以慈禧为代表的清朝皇族权贵，以为西方列强将要强迫她归政于光绪皇帝，激愤之下恼羞成怒，为报复列强，转而支持义和团向洋人开战，战败后又将责任推卸到义和团头上，并命令各地清军予以清剿。慈禧以及其手下的这帮颟顸官员，翻手为云覆手为雨，殊为可恨。

这场运动中形成一个奇特的历史现象，就是"东南互保"。在清政府尚未向各国宣战时，两江总督刘坤一、湖广总督张之洞、两广总督李鸿章、铁路大臣盛宣怀、山东巡抚袁世凯等即商议如何保存南方各省的稳定，避免列强有借口入侵。特别是盛宣怀，多方联络，从中斡旋，他致电李鸿章、刘坤一、张之洞："北事不久必坏，留东南三大帅以救社稷苍生，似非从权不可。若一拘泥，不仅东南同毁，挽回全局亦难"。清政府向十一国宣战后，张之洞随后命令上海道与各国驻沪领事签订保护东南章程九条，盛宣怀又电闽浙总督许应骙，建议他保持一致行动，于是东南半壁江山遂连成一片。汉官督抚们称皇室诏令是义和团胁持下的"矫诏"，公然抵抗，拒不执行，这在之前的封建专制王朝是很难想象的。

地方封疆大吏的抗命，说明汉族官绅地位日益稳固，他们接地气，实事求是，具备良好的政治眼光和格局，此举确保了江南社会秩序的稳定，各地百姓免受战火的涂炭，善莫大焉。也展现了汉官督抚们的责任担当、保境安民的政治态度，预示清朝集权统治内部开始松动瓦解，果然十年之后辛亥革命爆发，清王朝随即灭亡。

而清朝皇室在逃往西安途中，就下令各地官兵围剿义和团。1900年9月7日，清廷发布上谕，称"此案初起，义和团实为肇祸之由，今欲拔本塞源，非痛加铲除不可"。中外势力的联合绞杀，导致义和团运动最终的失败。

从1900年8月份开始，清廷陆续安排庆亲王奕劻和李鸿章为全权特使，与各国列强和谈，底线就是只要能保住西太后的位子，其他什么赔偿处罚都能接受，"昨据奕劻等电呈各国和议十二条大纲，业已照允。仍电饬该全权大臣，将详细节目悉心酌核，量中华之物力，结与国之欢心"，清朝皇族无耻丑陋、屈辱媚外的嘴脸一览无余。

义和团运动乃至庚子国难造成了严重的后果，除了战争导致的人员伤亡累累之外，八国联军一路烧杀抢掠，古都北京大量的文物、文化遗产被掠夺、被破坏。随后签订的《辛丑条约》特别是巨额赔款，更是给全体中国人民带来了空前绝后的大劫难。

沧海桑田一百年，时至今日，我国已然繁荣富强，位列世界强国之林。和平与发展是当今时代的两大主题，有鉴于此，全体国民仍然需要加强学习，以史为鉴，避免类似历史悲剧再次上演，让整个国家、民族不断强大自己，拥抱文明，造福人类。

（2021年1月）

一抹淡淡的乡愁

——读张靖华《环湖名镇长临河》

正如张靖华老师在《后记》里所描述的那样，这本散文随笔集《环湖名镇长临河》，是他在挂职肥东县县长临河镇副镇长时期，对其工作范畴的一个阶段性总结，是他长年累月对该地区田野考察、文献搜集成果的展现，另外一个方面，可以看作是他对长临河地区深厚情感的真挚反映。

从少年时代，张靖华就经常来到长临河这片广阔的天地，去山口凌村走亲访友，探访姑姑一家人，和表弟玩耍嬉戏，在山野田间闲逛，或者陪同姑父气喘吁吁地爬山。这样的农村生活体验，想必在张老师年少的心灵里，镌刻下深深的记忆吧，或许是他后来长期关注这片土地的原因之一吧。

及至年长，因为读书求学和工作关系，张靖华老师把更多的精力和才华，投放到这一片人文厚重的区域。通过多年的实地走访和资料整理，张老师运用所学的历史、地理、建筑学等专业知识，梳理出当地古村落、古建筑的特色，采访本土文化学者、乡绅耆老甚至贩夫走卒，掌握了丰富的第一手资料，在此基础上，张老师出版了《九龙攒珠——巢湖北岸移民村落的规划与源流》《湖与山——明初以来巢湖北岸的聚落与空间》两部学术著作，取得了良好的社会效应，特别是"九龙攒珠"这一专业概念的首次提出，言简意赅，极大地提升了巢湖北岸包括长临河地区的社会影响力。

在担任长临河镇文化旅游副镇长期间，张靖华更是学以致用，充分利用这一难得的工作契机，把书斋中的理论运用到实际的美好乡村建设中来，践行"经世致用"的学术理念。在靠山杨村、吴大海村改造、湖山步道线路规划过程中，均能因地制宜，以人为本，充分发挥自身专业特长，使得上述建设项目设计更加科学合理，获得各方面的好评，在对这两个村庄整治过程中，又提出了"寻山观海"的规划概念，非常贴切生动自然。特别是近来包括今年国庆期间，长临河旅游资源得到很好的整合释放，众多古村落、古街巷、乡村民宿、湖山风光成为著名的网红打卡景点，整个巢湖北岸逐渐成为合肥市民的休闲后花园，对于取得如此闪亮灿烂的文旅成绩，张靖华老师多年的鼓与呼可以说是初见成效。

通读全书，文中出现了大量深邃古朴的地名，让人留下深刻的印象。例如山口凌、白马山、西黄山、六家畈、青阳山、长宁寺、罗城寺、张德山、刘罗蔡、徐万二、现龙陈、梅龙坝等等，还包括本地儿歌所传唱的："一，一，吴兴一；二，二，梅寿二；三，三，盛宗三；四，四，罗胜四；五，五，张胜吾；六，六，徐太六；七，七，朱龙七；八，八，罗荣八；九，九，张永久；十，十，千张干子豆腐长乐集"，儿歌巧妙地运用数字结合村庄名称，通俗易懂，朗朗上口，这其中有些地名我是耳熟能详的，但少量的村庄也是颇为陌生，这些村庄大部分都是江西或者徽州的移民，村庄的名称，也就是始迁祖的名字。张靖华以这些地名为载体，详细描述了各家村庄背后的历史文化和传说故事，抒情诙谐的文体，迥异于以往严谨的论文风格，再加上部分方言俚语恰到好处地运用，读来轻松愉悦，甚至让人忍俊不禁，比如"老牛打汪"、土坯砖的制作过程叫"托土基"等等，让人心领神会、过目难忘。

书中还回忆了很多交往的师友，特别是杨书记、徐站长、宗教授等几位先生，张靖华老师着墨颇多，读罢令人唏嘘。

书中多有涉及历次爆发在当地的战争，比如《青阳镇》一文，详细介绍了宋金之间一系列统称为"柘皋之战"的连绵战事；党项族后裔、合肥老乡余阙，在安庆城破后殉国，他早年读书处——青阳山房；太平天国和淮军团练的捉对厮杀；历朝历代层出不穷的湖匪山贼，掠夺百姓、洗劫商业；相邻村庄彼此之间的械斗搏命，大族对小族的倾轧等等，都一一忠实记录。由于江淮地区地处南北要冲，历来饱受战火的侵扰，老百姓一直都非常艰辛地生存着。

在对上述人和事物的描写过程中，我隐约能感知作者文章背后所浮动的淡淡乡愁。近代以降，大的社会变迁此起彼伏，时至今日，传统的农耕文明正在迅速向工商文明转型，这个转型目前也尚未完结，可以说每个人都置身于这个宏大的社会变革之中，风云激荡，毫无例外，而在这个大的转型过程中，众多正直的知识分子一方面欢呼这样的变革，同时对传统文化的式微表示深深的失落。在张靖华的笔下，在字里行间之中，当下城市化进程的不断加快，对乡土社会的蚕食和腐蚀，在其积极意义的背后，也有着少许的无奈吧。特别是在本书上篇的部分章节里，类似弥漫的伤感情绪清晰可见。

张靖华老师青年时代在南京、上海等地求学、工作，当时那种异乡的漂泊感应该还是有的。而今正式落笔记录、描绘长临河地区星罗棋布的古老村庄，很多乡村业已面目全非——和长临河相接壤的南淝河沿岸，曾经有上百个村庄，都被逐一拆迁殆尽，张老师亲眼看见这般沧海桑田的变化，内心肯定会有所感触。

多年以前，我曾经利用节假日的闲暇时间，陪同张靖华走访过长江中游湖北省大冶、阳新等地，考察当地的乡村源流、沿革变迁，这些村庄很多都是江西、湖南的移民，年代可以追溯到宋元时期，村口宁静的水塘、村中幽深的巷道，都似曾相识，修葺一新的祠堂高耸巍峨，令人赞叹。又和张老师一道去过长江流域下游苏南溧水那些风光旖旎的乡村，这里更多是南宋初年从北方迁徙而来的世家大族，他们祖先都是跟随着"泥马渡康王"的高宗赵构涉江而来，当地村民至今完整地保藏着古老的家谱、地契、文书，一种非

163

常严谨规范、有条不紊的感觉。然而即使在这样充满着深厚历史感的村庄里闲逛，依然能感受到村庄无可挽回的衰败和萧条，和巢湖北岸包括长临河的很多村庄情况类似。

这样的乡愁情怀，不仅仅是对乡村消亡的感慨，更是对其背后传统文化式微的叹息。作为一名正直的知识分子，我感觉张靖华老师文字的背后，饱含着对当下转型期社会更多的期冀，期望祖祖辈辈生活在这片土地上的父老乡亲们，能走出千百年来的历史沼泽，能真正地做到安居乐业、人寿年丰，能少一些生活的磨难，多一丝明媚的阳光。

作为多年好友，我衷心期待着张靖华能创作出更多的佳作，取得更加卓越的学术成就。

（原刊于 2021 年 10 月 27 日《市场星报》）

巡店之余淘书乐

一、巡店

想着要去安庆出差，主要去巡店，看看当地的钟表市场和店铺销售情况。安庆山川俊秀，人文荟萃，从清初到民国这两百多年时间里，除了战乱之外一直是安徽的省会，是全省政治、经济、文化中心，我非常喜欢这座城市柔软、温润、慵懒、舒适的人间烟火气息。

19号早晨从合肥高铁南站出发，由于最近在滨湖新区召开中博会，每天高架桥上的交通非常拥堵，所以就没有打出租车而选择了乘坐地铁一号线，合肥的地铁一号线去年年底才开通运营，平时我很少有机会坐地铁，这次乘坐的体验总体感觉还不错，时效性高，比打车要快很多。

列车风驰电掣，一个多小时就抵达安庆。其实高铁的线路是有点绕道了，目前还需要在铜陵、池州经停，希望将来能够由东往西，径直到安庆，那样的话会更加方便快捷。车过长江，透过车窗，我不停地用手机拍摄大江的壮美景致。

5月初夏，正是安徽最好的时节，但见江堤被青绿色的草皮覆盖，上面种植了茂盛的防护林，一直蜿蜒逶迤到很远的地方。工地上的推土机正在叮叮当当地干活，远处，那两个正在冒着白烟的大家伙烟囱，应该是安庆电厂吧。

顺利抵达安庆站，也是本次列车的终点站。下车后，在出站口和同事胡桂龙汇合，他是一大早从潜山赶过来的。

每次来安庆都感觉非常亲切，八十年代初期，我大概六七岁的时候，就和爹爹、父亲来过安庆，那时候年纪太小，印象模糊，只隐隐记得城里到处都是错落有致、高低起伏的石板路。这几年安庆的城建进步很快，市容整洁，道路宽阔，和当年不可同日而语。

开始巡店干活，第一站先去安庆新城吾悦广场。这个商场还没开业的时候，我就来看场子，刚开始感觉整体位置有点偏僻，但仅仅过了一两年时间，这片区域迅猛发展起来，当然，首先是房价先涨起来了，据说房价九千多，对于安庆市民来说这个价格不便宜的，周边到处都是鳞次栉比的新盖楼盘。在安庆新城吾悦这个商场，我们飞亚达品牌，是和新宇亨得利"盛时表行"李亚琳老总合作，李总在安庆经商多年，实力雄厚。

打车去下一站，出租车正好路过迎江寺，时间匆忙，也没空下车参观寺院礼佛，只能用手机抢拍一张寺院大门的相片。迎江寺是安徽省最重要的佛教寺院，据说始建于北宋时期，主要由天王殿、大雄宝殿、振风塔、毗庐殿、藏经楼、大士阁、法堂、广嗣殿等建筑组成，整座寺院建筑在长江北岸的高地上，殿堂巍峨，特别是振风塔，是整个安庆的标志性建筑，是城市的灵魂所在。

又来到即将开业的上海百联安庆购物中心。这两年安庆商业发展很快，百货商场、购物中心如雨后春笋般地腾空而起，市场竞争激烈，其实是有点透支资源，并不利于商业企业的长远发展。随后又逐一走访了安庆八佰伴、大金新百、新百城市广场、亨得利专卖店等飞亚达手表销售网点，5月份整体销售一般般，市场相对比较疲软，可能和近年来安庆商场太多、顾客分流有关吧。

中午时分，和胡桂龙两人，在北正街找了一家门面清爽的小饭馆，各自点了一份瓦罐汤和蛋炒饭，聊以果腹，其实味道还是不错的，安庆的美食是出了名好吃。北正街古朴而宁静，放学结伴而行的少年们，三三两两，打打闹闹的，有我们当年的青春模样。

二、淘书

安庆步行街人民路商场的隔壁，就是"前言后记"书店，有安庆的网友在微信群里称赞这个书店，是全省乃至全国"最美的书店"，今天既然正好路过，自然是要进去参观一番的。

书店使用的是老劝业场大楼旧址。1915年，安徽劝业场正式建成开业，以"劝业"寄托实业图强之梦，其经营宗旨便是"劝业商场"四字的字头写就的警言——劝吾胞兴，业精于勤，商务发达，场益增新。随后的岁月里，劝业场又曾经当作过市政大楼、图书馆，真的是历经沧桑，见证了近代安庆城市的发展变迁。2016年皖新传媒集团投入巨资对劝业场进行重新装修，百年劝业场华丽变身，成为大型综合性书店"前言后记"，于2017年1月份正式对外开放营业。

（安庆人民路"前言后记"书店）

书店的"城南逸事"院落内，石磨装饰的绿萝景点，小巧别致；石槽里的点点睡莲，安静生长着。缓步沿着木质楼梯，拾级而上，再临窗眺望，午后的小院里面，游人稀少，百年老屋，修葺一新，只有部分原木的家居设施，尚保留着岁月的沧桑痕迹。

在书店的店堂里闲逛，温馨、率性、随意的图书布置，融古典和现代风格交汇一体，让读者感觉很愉悦。二楼的科幻小说摆放在很醒目的位置，刘慈欣的《三体》倒是买过一本，可惜一直没翻看，估计我也不太看得懂，哈哈。书架上陈列着张宏杰的几本书，这哥们最近来安徽凤阳旅行，发现全国重点文保单位——凤阳明中都东华门遗址，正在被施工单位破坏性维修，把真的古迹老城砖铲掉，换成新型建筑材料，痛心疾首之余发博文批判吐槽，估计全国很多地方都有类似这样的操作，没辙，为张先生的耿直点个赞吧。

兜兜转转，在"前言后记"书店购买两本书——《欧洲史》和席慕蓉的《七里香》。近年来基本上都是在孔夫子旧书网、京东上买书，线下书店逛得很少，所以特意买了两本书，算是小小地支持一下实体书店。

《欧洲史》图文并茂，我家小朋友估计愿意看，果然晚上回家，儿子对这本书挺有兴趣，蛮好。记得少年时代，应该是上初二、初三的时候，曾经在老家镇上的新华书店购买过一本《七里香》，貌似是深蓝色的封皮。当年的席慕蓉，风靡大江南北，她的文字，素雅、简洁、朴实无华，直指人心。话说这么多年来，已经很少再读现代诗了，特别是人到中年，生活的磨砺捶打，已经让我们很难有读诗的闲情雅致。

出了"前言后记"书店大门，穿过古意犹存的倒扒狮街，在墨子巷安庆藏友欧老板店里，淘得十几张晚清民国的地契文书，这批文书主要是建德县和怀宁县的。建德县历史上一直隶属于池州府，民国三年曾经改名为秋浦县，1959年和东流县合并，正式定名为东至县。

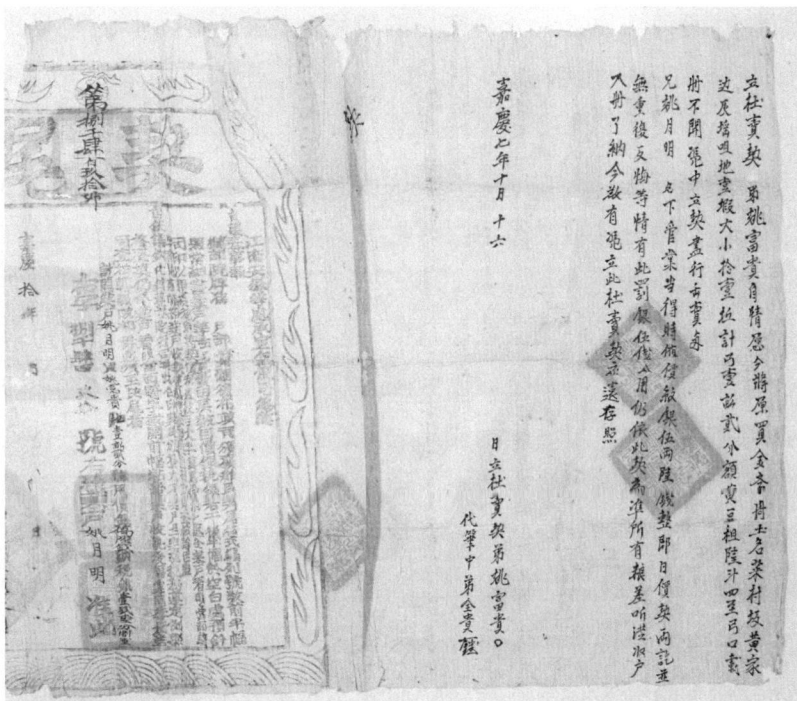

（嘉庆七年建德县官契）

众所周知，徽州文书举世闻名，据安徽大学徽学研究中心刘伯山先生测算，目前发现的徽州文书实际数量已经超过了80万份。省内除了徽州文书之外，毗邻徽州的池州、安庆地区，尚存世的有大量的文书，这些年我断断续续地收藏了好几百份，得闲时随手翻阅整理，也别有一番乐趣。

现简单介绍今天所淘的几份地契文书内容：

1. 乾隆五十六年正月二十二日建德县官契，编号：布字壹千叁百柒拾陆号，姚万仁公购买金自兴山田一块，地价合银壹两，纳税银叁分。由此可见乾隆年间，当时土地买卖交易的税率是3%。契纸多处加盖满汉官印"建德县印""江南安徽等处承宣布政使司之印"。

2. 嘉庆四年十二月初二日建德县官契，编号：布字捌千肆百捌拾玖号，姚万仁公购买一都十里金花苟 土命石边坞坟山壹号，地价

169

合纹银壹两，纳税银叁分，交易的税率和乾隆时期一样，也是3%。契纸骑缝加盖"建德县印""江南安徽等处承宣布政使司之印"官印。

3.嘉庆七年十月十六日建德县官契，编号：布字捌千肆百玖拾号，姚月明购买姚富贵田地壹亩贰分，地价合纹银伍两陆钱整，纳税银壹钱陆分捌厘分，交易的税率依然是3%。这张地契和上面嘉庆四年的编号相差一位，根据这个编号推测，这三张官契都是属于建德姚氏家族的，特别是后面两张嘉庆年间的地契，应该是先购买了山场土地，发生了实际的交易之后，又过了几年时间——直到嘉庆拾年，才去官府缴纳契税金，完善了正规的田产购买手续，同时获取了官方正式颁发的契尾。嘉庆地契中提及的姚月明，有可能是乾隆地契中姚万仁公的后人。

4.本次购买的十几张地契里面，时间最久远的是一张康熙十二年八月初十的红契，内容是一位叫姚永聘的侄儿，将父亲遗留田产六分之一的股份，卖给自己的叔父，这样的股权交易模式，算是比较少见，涉及的内容稍微有点复杂。这份地契加盖了两方满汉两种文字的官印，九叠篆文，印文有点模糊，推测应该也是"建德县印"。

5.除了建德姚氏的地契文书之外，还有一张怀宁县的红契，乾隆贰拾九年十一月廿四，堂侄程巨源，将家产"正屋、楼上厅、老厨房、老碓房、化草厂、堂厅槽门、稻场、黄豆地、长田一丘、小荒田、老菜园地一块、张家山两块、屋后竹园树木"等等，卖与堂叔程鸣周名下，总计纹银壹百壹拾伍两，交易金额巨大，所以地契上面的"中见人"包括"程明文、程殿宜、吴英杰、江文高、程龙光"等等，共计11位之多。

6.光绪三十四年（1908）的议约文书也挺有意思，应该和前面怀宁程氏地契同属一个家族，说的是怀宁横山西保居民程先沛、程廷伯、李寅亮、程朝赞、胡苌臣、江庆宗等人，时值严冬，相约防匪，"保内各社议立团防旗号，各办兵器巡警，有匪抢掳，鸣锣为号，互相接应追拿。如近匪乘乱，见脏即公全送官究办，不得养奸害民，费用事主与保各半，立此议约六纸为据。"契约一定程度上反映了清末民初安庆地区的社会治安状况。

另有一份民国八年阴历六月初一撰写的禁约文书，内容是高祖程哲武公的后裔子孙程光福、程效才、程新起、程效云等人，立了六条禁约条规，约束族人日常行为，如有违反者，除了罚款之外，还要置办酒席赔礼谢罪等等，这六条禁约条规具体内容如下："一议窃取树木者，罚大洋二元、酒二席，捉获者赏大洋五角，夜则倍罚倍赏；一议挖坟山草根者，罚大洋二元，酒二席，捉获者赏大洋五角，夜则倍罚倍赏；一议窃取柴薪者，罚大洋一元，酒二席，捉获者赏铜钞四十枚，夜则倍罚倍赏；一议在议之人，欲取树木柴薪，鸣众赴山，如有瞒昧，照禁一体处罚；一议恃强耸妇拼命，公全抵当；一议看守工费用每年照山量力收取"。这张文书反映了皖西南地区宗族势力的强大，对族众具备严格的约束力。

傍晚17：00左右，和其他几位乘客一起，使用滴滴顺风拼车返回合肥，车费75元/人。收获满满的一天，非常开心。

安庆确实是个好地方，当之无愧是全省最有魅力的城市。

（2017年5月19日）

青云楼里有书斋

下班后径直去青云楼朱昌文先生的书店取书，我们办公室和青云楼一路之隔，走过去五分钟，很方便的。朱大哥是安徽本土经营线装古籍最专业的老板，在这个行业浸淫多年，起步早，眼力敏锐、判断准确，早年为了做古书生意，天南地北地跑业务，还经常去著名的北京报国寺市场收书、售书，日积月累，朱大哥的古籍图书藏品丰富，为人爽快大方。

到了店里，和朱大哥寒暄闲聊起来，我们俩是同一个学校毕业的，他是我的学长，说起来还是颇有渊源。这次从他店里取了七八本书，都是在"花冲文化乐园"微信群里陆陆续续购买的，线上网络给我们的日常生活带来了极大的便捷。

介绍一下今天所购买的几本图书情况。

一、30元购得《徽州地区简志》，安徽省徽州地区地方志编纂委员会主编，1989年2月1版1印。书前面的两份地图——《徽州地区政区图》《屯溪市市区图》很好，毕竟是30年前的老地图，鉴于这些年行政区划的不断调整，所以更加凸显出历史价值。特别是屯溪市（也就是现在的黄山市区）变化很大，当年地图上标注的柏树街传统街区早已被拆除殆尽，只留下孤零零的国保单位"程氏三宅"，矗立在一片崭新的商业街里。曾经的柏树街是唯一的、珍贵的、有历史记忆的，拆了修建"大润发"超市，唉，得不偿失。率水之畔的"黎阳街"前几年也被大力改造，虽然推倒了不少徽派老宅，好歹还保存下来一部分精品，比柏树街要略强，算是不幸中的幸运吧。

（位于屯溪柏树街的国保单位"程氏三宅"）

倘若当年的柏树老街、黎阳老街都能原汁原味地保存下来，再加上目前的屯溪老街，黄山市中心就拥有三条别具特色的传统老街区，那么对于今天屯溪的文旅开发无疑是巨大的物质财富和精神财富，真是可惜。

《徽州地区简志》由当时的徽州地委书记胡云龙先生、行署专员张学敏先生作序。在徽州地区地方志编纂委员会耿树谷撰写的序言中，可以知晓本书的编纂起步于1982年7月，并且1985年初正式着手，历时四载，三易其稿，方得告成。当时的徽州地区，辖"七县二市"（屯溪市、黄山市、歙县、绩溪县、旌德县、休宁县、黟县、祁门县、石台县），到了1987年11月，经国务院批准，撤销徽州地区建制，设立地级黄山市，辖屯溪、徽州、黄山三区和歙县、休宁、黟县、祁门四县，比之前的徽州地区缩小了不少。现在看来，"徽州"改"黄山"绝对是有点可惜，近年来有学者、官员、民众不断地呼吁倡议，希望能继续使用"徽州"旧称。当初徽州改名的出发点，估计还是想打"黄山"的旅游牌吧，从后来这些年的社会、经济发展情况来看，改名算是有得有失，只能说在哪座山就唱哪首歌，当年也有当年的现实考虑。希望将来有一天，能恢复一千多年以来徽州"一府六县"的旧制，最好把婺源也收回来，如此将大慰人心。

该志书包罗万象，资料非常翔实全面，分为地理、农林水利、工交邮电、财贸金融、党政团体、政权司法、军事、教育科技、文化艺术、文献文物、体育卫生、旅游、社会、历代人物等章节。我最感兴趣的自然是"文献文物、历史名人"的相关内容。

二、10元购得《百花集——芜湖地区十年文化艺术工作建设成就资料汇编》，本书由芜湖专署、芜湖市文化局编，1959年9月出版。

当时的芜湖专区面积很大，全区二十个县、市，六百多万人口，除了现在芜湖市的之外，还包括现宣州市、黄山市的部分区域。全书介绍了芜湖地区的社会文化、电影、戏剧、音乐、舞蹈、美术等方面的"成就"，现在看来，本书除了与部分传统文化相关的内容尚值一读之外，其他价值不大，不过也算是对当年社会风貌的一种记录吧。

三、20元购得《天柱山纪要》，安庆行署文化局、安庆地区文联翻印，1979年出版，作者乌衣风先生，原籍山东聊城，早年就读于北京大学哲学系，在皖江地区素有名望，系潜山野寨中学的创始人。本书侧重介绍了天柱山的地形、历史、历代文人的吟唱、风景名胜、游览路线等内容。对于这座位于我省西南区域的大山，我也只是在2016年，和公司同事们去团建游览过一回，感觉天柱山真的是奇峰叠嶂、大石嶙峋，确实是一座奇山。

四、20元购得《金石书画家童雪鸿遗作展览》，安徽省文化局、安徽省艺术学校等机构1979年8月出版，薄薄的小册子，书名是由我省文博耆宿葛介屏先生题词的，介翁的字体风格独特，一识便知。

童雪鸿（1909—1966），原名鸿彦，字万安，号印隐，巢县东郊（今亚父街道）人，和我是巢湖老乡。童先生少年时代求学于芜湖萃文中学，1926年考入上海美术专科学校，1929年毕业于上海新华艺术大学，师从刘海粟先生。毕业后在巢县初级中学任美术教师，余暇研究书画篆刻，乐此不疲。后曾在安徽省立第一女子中学、巢县中学、合肥一中、合肥二中教授美术课。1957年调任安徽省艺术学校教师，艺校随后升格为安徽艺术学院，童先生担任美术系副主任，1966年去世，年仅57岁。人间又少了一位艺术家，真是大时代的悲哀。

五、50元购得《咏梅唱和集》《咏柳唱和集》《百家咏雪景》三本小册子，由我母校巢湖苏湾中学语文老师苏自宽编纂，1995年的油印本，是苏老师邮寄给合肥文友张朝栋的。初中同学王友权和苏老师有亲戚关系，少年时代念书时曾经借住在他的宿舍，那时候我也去过苏老师宿舍，曾经翻阅他的藏书。晚上和宋贞汉老师微信聊天，得知苏老师已经于今年9月18日驾鹤仙逝，享年84岁，老先生是本乡界墩集人，其生前出版有《眉山堂诗集》，后特意从孔夫子旧书网买了一本做个纪念。我巢北地区穷乡僻壤、土瘠民贫，然文脉一直瓜瓞绵绵，殊为不易。

六、20元购得《捻军始末——涡阳史志资料选编》第二辑，涡阳县地方志编纂委员会编，1983年出版。书名是我省政坛元老张恺帆先生书写的，恺老安徽无为市人，二十世纪五六十年代他曾任副省长。

这本书详细介绍了捻军历史、人物将士传记、捻军文献、歌谣、相关调查报告论文等等。这场发轫于我省皖北平原的农民大起义，固然沉重地打击了清王朝的腐朽统治，然而更加严重的后果是破坏了当地的社会生产环境，加重了皖北地区黎民百姓的苦难。

七、20元购得《安徽省志·出版志》，安徽省地方志编纂委员会编，1998年5月方志出版社出版。一本非常好的工具书，全书主要分三大篇：安徽古代、近现代和当代出版业，对这三个时期我省出版机构、出版家均作了详细介绍，我感兴趣的主要是明清和民国期间的出版事业。

八、30元购得《安徽省太湖中学志》和《安徽省太湖中学志续》两册。《安徽省太湖中学志》编纂委员会主编，赵朴初先生题写的书名，分别由1996年黄山书社、2006年安徽科技出版社出版。两本校志详细介绍了太湖中学的历史，该校创建于1906年，历经太湖县立高等小学、县立晋熙小学、安庆六邑联中、县立中学等等，1952年定为现名。

晋熙是太湖的旧称，古意盎然，比"太湖"这个名字要文雅很多。六邑联中本来位于安庆城区，抗战期间，为避兵燹，方才迁徙到大别山区的太湖县城，当时的校长赵纶士先生主持学校事务，厥功至伟。赵校长出身于名门望族太湖赵氏，是赵朴初的叔父，赵家四世翰林，文气极盛。

九、1300元购得民国出版的线装书《凤台山馆续集》，作者陈诗（1864—1943），字子言，号鹤柴，安徽省庐江县庐城镇石虎村人，出身于官宦家庭，其太高祖蒪池公（陈大化）康熙翰林，官御史。祖父陈昌文（字凤翔，号菊生），官广东茂晖、双恩等场盐大使。清光绪四年（1878），陈诗随父陈希慊（字益斋，号吉堂，同治六年官广东遂溪县典史，著有《含辛诗集》）由广东回归故里，时年15岁。因生长在广东，只能讲粤语，不会讲家乡话，受到父亲斥责，因惶惧强为乡语，遂成口吃，至老犹然。

（作者藏书1）

陈诗归乡后闭门自学，得同里诗人张瑞亭指导，又拜小自己五岁的"清末四公子"吴保初为师，后旅居南京、上海、甘陇等地，受文廷式、郑孝胥等名家指点，诗文愈益长进。陈诗一生布衣，靠卖文及亲友资助为生计，生平诗作甚丰，出版自撰的《霍隐诗草》《据梧集》《鹤柴诗存》《凤台山馆诗抄》《尊瓠室诗话》《静照轩笔记》；选编《庐江诗隽》《庐州诗苑》《皖雅初集》；重印吴保初的《北山楼集》、史台懋的《桴槎山馆集》；等等。

（作者藏书2）

我收集一册民国的《庐州诗苑》，刊登了很多巢县诗人的作品，包括柘皋汤懋纲、汤懋统、汤懋坤、汤振祖、汤扩祖等人的，佳作众多。今年曾淘得陈诗的民国线装《尊瓠室诗话》，品相尚可；前几年还淘得史台懋的线装《桴槎山馆集》；2021年4月份，又从安庆藏家孙先生手中购得民国线装排印本《皖雅初集》四十卷十六册，不知不觉搜集了这么多和陈诗相关的安徽地方文献，非常开心。

这本《凤台山馆续集》主要分为《甲乙集》和《燕居集》两部分，陈诗的弟子吴常焘也就是吴孟复写的前序，陈诗自己写的后跋。

吴孟复（1919—1995），当代古籍学家，古典文学研究家。原名常焘，字伯鲁，号希贤，安徽省庐江县人，1937年无锡国专毕业，后任上海政法学院、暨南大学副教授。二十世纪六七十年代曾被下放到砀山县，新时期又历任安徽师范大学淮北分校（今淮北师范大学）中文系主任、古籍研究室主任，安徽教育学院（今合肥师范学院）教授。

吴孟复先生的主要著作有《训诂通论》《古书读校法》《唐宋八大家概述》《宋词鉴赏词典》等。我有好几本吴老的书，其中有一本《训诂通论》，一直想静下心来好好读一读，其实不大看得懂；另外有一部《桐城文派述论》的手写书稿，安徽教育出版社的牛皮封袋，有部分文字是吴老亲手撰写的，字体遒劲，堪称珍贵；另外我还收集了多期《古籍研究》杂志，上面刊登有老先生多篇文章，对于安徽文献学、皖派朴学和桐城文学的继承与传播方面，具有重要的学术研究价值。

本书最后还有吴孟复先生夫人马秀衡女士写的一首诗《外子校刊静照先生续集，有诗纪事，因续一首且述世谊》，其诗曰："先生燕世高吟日，大父曾同把酒卮。廿载风流空想象，一时师友又追随。名山重见编新志，遂阁唯应绣佛丝。若向集中怀世谊，深情人作昔贤疑"。马秀衡女士系桐城派后期殿军马其昶的孙女。而马其昶的孙子、上海复旦大学中文系教授马茂元又是吴孟复的同学，难怪吴老对桐城派情有独钟，可以看出，皖派整体的学术衣钵传承是有条不紊、井然有序。

（初稿写于 2019 年 10 月 28 日，2022 年 5 月修改）

最爱徽学和徽州

　　10月13日是书市开集的日子，一大早就赶到市场，七挑八选，淘得好几本徽学方面的图书。徽学作为三大地域文化显学之一（另外两门是藏学、敦煌学），很多徽学著作都是由合肥的出版社发行，所以在周谷堆二手书市场经常能碰见。

　　我在刘老板的摊位上翻来捡去，最终淘得三本书，讨价还价以100元成交，分别是《二十世纪徽学发展简史》《明清以来徽州社会经济与文化研究》《徽州宗族祠堂调查与研究》。刘老板是寿县人，顶着一头蓬松的黄头发，精明强干、头脑灵活，会做生意，我觉得他今天的要价略微有点高。

　　这三本著作隶属于《徽学文库》，是安徽大学徽学研究中心主任卞利主编的，文库好像收录了10种著作，我之前有淘得《徽州社会文化史研究》《徽州民间信仰》等。卞利先生是安徽泗县人，他的文章我读了很多，可惜2017年卞先生离开安徽大学去了南开大学，不能不说是安徽大学甚至是我省徽学界的一大损失，二十一世纪了，最重要的是人才！

　　《二十世纪徽学发展简史》主要分为几大部分：二十世纪上半叶徽学萌芽、五十至七十年代徽学研究的开展、七十至九十年代末学科建设和文献整理、徽商研究、徽州宗族与社会研究、徽州契约文书的发现、流传、整理、出版研究、中外史学交流与徽学学科建设。基本上按照时间的脉络，把徽学的历史研究和建设成果逐一梳理得很清晰。

《明清以来徽州社会经济与文化研究》，依然是卞利先生的著作。在代序中卞先生写道："本书精选十余年来撰写发表的论文，按照内部逻辑联系，依次分为社会、经济结构与日常文化生活、徽商与社会经济、人生仪礼与民俗、村落与宗族，以及文书、文献与历史记忆等五个专题"，"努力再现与重构明清以来徽州社会、经济和社会阶层日常生活的立体图景，以期推进徽学研究向纵深领域拓展"。

第三本《徽州宗族祠堂调查与研究》，黄山学院方利山老师编著。主要内容包括徽州社会与宗族祠堂、祠堂的历史和现状、祠堂的种类、女祠、祠堂管理和祠产、祠堂的功能、祠堂的建筑艺术、祠规祠训、祠堂楹联、祠堂的文献文书、徽州祠堂保护利用等等。

书中第二章说了一件事情，就是徽州区芭塘古村的"六房厅"祠堂，占地600多平方，由村中胡氏十七世祖胡祖瑜于明代永乐年间修建而成，具有600多年历史。由于年久失修，从2004年开始，村民就呼吁有关方面维修，一直得不到响应。后来村中决定"拍卖"，以15万的价格把祠堂卖给当地的一个旅游投资公司，再进行所谓的"异地拆迁保护"，理想很丰满但是现实很骨感，到了2008年3月份施工队进场掀瓦卸梁，野蛮拆解古祠堂，遭村民抵制，拆迁队随即撤走，但是"六房厅"的屋顶砖瓦已经被拆除，余下的室内木质建筑全部裸露在外，任凭风吹雨淋，后来这些木构件、大部分石构件又被拖走，堆弃在休宁山区的公路边，基本上没有任何保护遮挡，其状惨不忍睹。唉，读来痛心惋惜，真是在"犯罪"。关于"六房厅"的消息，我最早是在张建平的新浪微博里阅读过，张先生是徽州本土的文保专家、摄影师。关于芭塘村，我后来去西溪南村的时候还有路过，也是紧邻着丰乐河，由于时间仓促就没有停留，争取以后抽空去看看"六房厅"古祠堂的遗迹。

上海师范大学唐力行老师给《徽州宗族祠堂调查与研究》撰写的序，字里行间，感觉唐先生对徽州古祠堂的现状忧心忡忡。

　　《〈永乐大典〉徽州方志研究》，是安徽大学蒲霞老师所著，5块钱从曹宗明老板摊位上购买的，隶属于徽学与地域文化丛书。我之前也买了几本这个系列的，比如《明清以来徽州方志编纂成就》《明清徽商的诉讼研究》《新安理学论纲》《新文化运动与安徽》《国家图书馆所藏徽谱资源研究》等。

　　接下来的《徽学与明清史探微》和《方志学广论》，属于"安徽大学历史学文库"丛书。

　　《徽学与明清史探微》15元购自雷老板，作者周晓光。周先生之前一直在安徽师范大学执教，是安徽师范大学老校长、著名徽学专家张海鹏先生的弟子，现担任安徽大学研究中心主任，应该是接任了卞利的职务。周晓光先生早年毕业于广州中山大学历史系，为了追随张海鹏先生研究徽学，放弃大城市的优渥条件，来到江城芜湖读书、任教，这种薪火相传的学术精神令人感动。本书收录41篇论文，跨度1986年—2012年，主要分为两大部分：徽学和明清史，徽学部分又包括了新安理学研究、徽商研究、徽州传统学术文化地理研究等内容。

　　《方志学广论》10元购自雷老板，作者是安徽大学的林衍经老师。我之前曾淘得林老师各类聘书若干，基本上都是各地的方志单位邀请林先生做学术顾问的，林老先生今年应该是90岁高龄了。本书的主要内容，包括方志学的研究对象、任务、学科体系、特征、方志学起源、发展、方志理论的产生发展、地方志的编纂、应用等等。

　　《徽州文书类目》，30块钱从李冬健老板摊位上购得，黄山书社出版，周绍泉先生写的序。记得安徽大学刘伯山老师早年在徽州工作的时候，曾经帮周绍泉先生搜集购买过不少的徽州文书。

　　本书主要统计了中国社科院历史研究所收藏的徽州文书，计14137件。按照时间顺序，从南宋淳祐二年十月休宁李思聪等卖田、山赤契开始，一直编纂到民国时期。这种按照时间顺序的排列登记方式有很大的弊端，就是违背了徽州文书"归户性"的原则，原本一家一户很完整的文书，这么一操作全都被打散了，破坏了文书彼此之间的连贯性以及全书的系统性。

中国社科院历史研究所收藏的徽州文书主要有如下几大类，一、土地关系与财产文书，包括土地房屋耕牛买卖文书和典当文书以及租佃文书、税契凭证、清业清白合同、批契财产处置文书、兑换文约、买卖典当山林和田皮文书、退契借契还契认契、借贷文书、分业合同等等；二、税赋文书，包括鱼鳞图册、归户册、垦荒帖文、田土丈量单、户帖、户籍、图甲实征册、吊税票、佃户纳税执照等；三、商业文书，包括合同、账簿、落地税照、行盐执照、发票等；四、宗族文书，包括抄契簿、家族收支账、分家书、家族迎神赛会簿、婚丧礼账、继嗣文书、抚养接济文约等；五、官府文书，包括公文、政令、保甲与户籍、诉讼、奏议；六、教育与科举文书，包括试卷试题、捐纳功名执照、旌表、毕业证书、尺牍等；七、会社文书，包括结会文约、章程、出卖会股契约、会社账簿、借贷字据等；八、社会关系，包括兰谱、信札、乡规乡约、婚嫁文书、投师、卖身契约等等；九、其他文书，包括药方、著作手稿、邸抄、碑文、寺庙簿册等。

最后还淘得两本比较轻松、便于阅读的书，分别是《徽州民谣》和《魅力绩溪》，由方静编著，每本10块钱。我后来还添加了方先生的微信，没怎么交流过。

《徽州民谣》采集了230首，分为爱情类、儿歌类、时政类、徽商类、劳动类、生活类。作者的自序题目，叫留住徽州文化原生态。

《魅力绩溪》，郭因老写的序，全面介绍了绩溪山水人文历史，徽菜是从绩溪发源逐步走向全国的，所以绩溪徽商的主要特点就是开饭馆。绩溪的古村落也特别多，代表村落有龙川、仁里；杰出的人物有胡适先生、胡雪岩、明代抗倭名将胡宗宪等。

　　关于绩溪，我曾经路过多次，可惜每次都是来去匆匆，从没有游览过当地风景名胜。前年曾陪李广宁等几位先生来过一趟，到县城开发区的霞涧窑查看古窑址，窑址现场的大部分窑口都被毁掉了，只在小土坡的顶端尚保留了一小块，坡顶上长满了茂盛的植物，把省文保碑都遮挡起来。这个霞涧窑是八十年代李老发现的，当年他刚刚厦门大学毕业分配到安徽省文物局，豪情万丈，背着包跑遍了皖南的山山水水，积极寻找古窑址、古建筑做田野调查，撰写了大量的考察文章。

（作者在李广宁先生宅中，获先生赠书）

　　当天随后又参观绩溪博物馆，新修的博物馆古香古色，各类藏品也独具地方特色。位于县城北大街西侧的绩溪文庙正在封闭维修，这座文庙始建于北宋，历朝历代均有不同规模的重修，泮池、泮桥、大成殿为清乾隆年间所建，是一组具有较高历史、艺术、科学价值的古建筑群。在文庙的施工工地上闲逛，随手捡得几块青花瓷，吃午饭时用饭店的清水冲洗干净，瓷片的纹饰精美恬静，握在手中，温润如玉的感觉。

（2021年9月29日修改）

丁宁先生的旧藏

今天购买了四本书，除了《西方美学史》是从孔夫子旧书网购得的，其他三本是从朱老板那里购买的。

孔夫子旧书网15元购得朱光潜《西方美学史》，人民文学出版社1983年出版印刷，朱光潜是安徽桐城（枞阳）人，著名的美学大家，1946年后一直在北京大学执教。

我之前在周谷堆书市淘得朱先生儿子朱陈的书法一幅，字写得娟秀飘逸，朱陈貌似一直在安徽大学工作。

《西方美学史》从古希腊罗马开始，一直讲到文艺复兴、十七八世纪、启蒙运动、十八世纪末到二十世纪初，完整阐述了西方美学历史，涉及的重要人物有柏拉图、亚里士多德、但丁、薄伽丘、达·芬奇、休谟、伏尔泰、卢梭、狄德罗、康德、黑格尔、克罗齐、马克思等等。说起来我对中国传统文化略有了解，但是西方思想史学方面的知识还是非常欠缺。

下面的三套书，都是从朱老板那里购买的。

第一本书，是黄山书社出版的《施愚山集》，只有一、四两册，40元，争取后期能把二、三两册配齐，其实网上有售，就是价格略贵。这套安徽古籍丛书挺好的，根据记载，丛书已出版了《尔雅翼》《定本庄子故》《包拯集编年校补》《明太祖集》《王侍郎奏议》《疑庵诗》等数十种，黄山书社做了件很有意义的工作，功在当代、利在千秋。

以上丛书，我陆陆续续购买了庐江吴保初的《北山楼集》、庐江刘声木《桐城文学渊源撰述考》、王茂荫《王侍郎奏议》、许承尧《疑庵诗》、萧穆《敬孚类稿》、宛敏灏《张孝祥词笺稿》《程文炳文集》，以及《赵绍祖金石学三种》，都是非常好的乡邦文献，吾皖能整理出版上述图书，确实令人敬佩，希望省内的各大出版机构能推陈出新，继续加油。

出版先哲丛书，安徽素有传统。二十世纪三十年代初，徐乃昌、许承尧、胡朴安、江彤侯、程演生等一大批安徽籍的学者、藏书家，主要以南陵徐乃昌"积学斋"藏书为版本，编纂影印出版《安徽丛书》多种，历时五年出版了六期，抗战军兴才被迫停止，"盛业未竟，论者惜之"。

第二本书是《中国之命运》，重庆中正书局1943年初版精制本，150元购得。品相不错，只是封面没了，依稀记得封面上有蒋氏的头像，可能是当年被人故意撕去，以免招致不测吧。该书1943年3月出版，由蒋授意其文胆陈布雷、陶希圣执笔。全文共分八章：（1）中华民族的成长与发达；（2）国耻的由来与革命的起源；（3）不平等条约的影响之深刻化;（4）由北伐到抗战；（5）平等互惠新约的内容与今后建国工作之重点；（6）革命建国的根本问题；（7）中国革命建国的动脉及其命运决定的关头；（8）中国的命运与世界的前途。

该书的出版，令对蒋氏政权抱有好感的知识分子非常失望，书中公开宣扬一个政党、一个主义、一个领袖的专制主义，连自由主义也不能容忍，学者雷海宗说，在国民政府后期众多败笔中，最大的败笔是《中国之命运》的出版。

《中国之命运》出版，是失去精英知识分子支持的一个前奏；等到抗战胜利、内战顿起之时，国府又失去一大批普通知识分子的民心。书里书外，连接着二十世纪四十年代激荡变幻的历史风云。

（《中国之命运》部分目录）

第三部书是《廿一史弹词》，二、三、四3册200元，中华书局1938年出版。成都杨慎编著，汉阳张三异增定、张仲璜注。

该书是我省著名词人丁宁先生的旧藏，书前加盖有"丁宁遗书""安徽省图书馆藏书印"两枚印章，丁先生原籍江苏扬州，中华人民共和国成立后在合肥工作生活，终身致力于安徽古籍图书的整理、鉴定、保护事业，著有《还轩词》，我收藏了这本词集的两个不同版本，郭沫若先生称赞她的作品"清冷恻骨，悱恻动人"。据说丁先生1980年仙逝后，其个人图书基本上归藏于皖图，也不知道这套书是怎么流落出来的，惜缺第一册，希望能有书缘，将来可以寻觅到所缺的第一册。

《廿一史弹词》原名《历代史略十段锦词话》，为明代杨慎（号升庵）所作，取材于正史书，用浅近文言写成，以诗词结合之方法描述各朝各代之评述，文中意境极深，传唱至今。被誉为"后世弹词之祖"。

杨慎是首辅大学士杨廷和的儿子，正德六年（1511）殿试第一，授翰林院修撰，高中状元。其人秉性正直，不畏权势，在嘉靖朝"大礼议"事件中，杨慎和大小朝臣二百多人，列宫大哭，抗议朝廷非法逮捕大臣，言道："国家养士一百五十年，仗节死义，正在今日"，从而触怒嘉靖皇帝，遭受廷杖，发配至云南永昌卫。杨慎在之后三十多年中，创作了无数佳作，其中就包括长篇小说《三国演义》开篇词的"滚滚长江东逝水"，广为传唱。

弹词是一种古老的传统曲艺，用琵琶、三弦伴奏的说唱文学形式。它起源于宋元，发展于明代中晚期，至清代极为繁荣，是清代讲唱文学中影响最大的一种。由于本书第一册遗失，剩下的三册内容时间跨度从南北朝一直描述到明初。杨慎在1559年去世，所以明代的史料内容，主要由张三异、张仲璜父子补充完成的。

第二册的开篇内容是第五段说南北史，《清平乐》曰："闲行闲坐，不必争人我。百岁光阴弹指过，成得甚么功果。昨日羯鼓催花，今朝疏柳啼鸦。王谢堂前燕子，不知飞入谁家。"

增定编注的张三异、张仲璜父子，出生于武汉市东西湖区柏泉街老屋湾。这个家族在清代先后走出二十位举人，两位进士，县令以上官员三十几人，知府以上十几人，巡抚两人三任，正所谓是"五世乡贤、八省名宦、廿科甲第、百忍家声"。

在全书的最后，由张仲璜第三子张坦麟撰写的"弹词注后跋"，回顾了本书出版的经过。由于杨慎只写到元末，张三异、张仲璜父子续写明朝部分，"书成藏弄家塾者三十年"，后张仲璜"解组归里"，方"检阅刊行"，"江汉人士，珍赏同心，购求者如布帛菽粟焉"。

张坦麟应该是这个名门望族最为杰出的子弟了，仕途起步于户部主事，累升迁至鸿胪寺卿，又授两淮盐运使，最后担任山东、江苏巡抚，可以说是攀登到清代早期汉官的金字塔顶端。退职后张坦麟在当时的汉阳县蔡甸镇租房居住，足迹不入府城，与两三旧友诗酒唱酬，不问政事，悠闲自得十余年而卒。他生平著作很多，但因为官清廉，身无余财，无力刊行，现存的文章仅为传抄下来的散帙，令人感慨。

（2019 年 10 月 25 日）

新年伊始逛书市

今天礼拜天，例行是合肥周谷堆旧书市场开市的日子，也是2020年元旦之后的第一个交易日。早上我先送老大到铜陵南路的海顿学校踢球，然后再折去巢湖路老周谷堆，算是顺路。

最近天气不太好，昨夜还下了点小雨。今年是暖冬，虽然已经进入了"数九"，总体感觉不冷。古时候的谚语说"一九、二九不出手；三九、四九冰上走"，如今时代变迁，沧海桑田，早已不复当年农耕社会的自然景象。

（雨天的周谷堆书市大棚）

在周谷堆市场首先遇到了二曹老板，前几天在微信里和他有聊过，他说他手头有13份五十年代初的安徽卷宗档案，开价500元。我上次从他手上买过两份类似的资料，一份是巢县的、一份是庐江的，内容关于1950年镇压恶霸地主，材料很翔实，非常难得，所以就想把这13份一起收了，于是我就要他带到市场上让我先看看再说，毕竟到年底了，手头还是比较紧张的，我要看过这批材料后再决定是否购买。哪知二曹老板说他今天早晨从家走得匆忙，东西忘记带了，他表态说下周会带过来给我看看，嗯，有点小小的失望。

现在市场里确实没啥好东西，只能在各个摊位上东走西逛，看看热闹、碰碰运气。今天见到一位瘦瘦的老太太，拿着两个铁皮茶叶盒子，盒子里面装了好几卷一毛二毛的纸票子，以及一分、两分的硬币，要卖给周老板。周老板开价100元，老太太不肯，双方唇枪舌剑你来我往，最终以150元成交。我站在一旁冷眼旁观，内心暗自希望他们谈崩了，我好出150块钱把老太太的东西收下来，可惜心愿未遂，只能哈哈一笑作罢。

记得多年前逛合肥花冲公园古玩旧书市场，有位农民模样的中年人，提着小半塑料袋子的铜钱——就是乡下那种装化肥的编织袋，要出售给古玩摊位上的一个老板，摊贩老板嫌弃这批铜钱有洗过，借口品相不佳等杀价（可能这也是一种谈判技巧），最终还是为了三四百块的价格而纠缠不清，导致这中年人一气之下，提着袋子扭头就走，摊贩老板连声呼喊回来回来，可惜花冲市场人多，追喊不及，居然让这个卖家的身影消失在人群中。我当时侧身在旁观察他们讨价还价，其实这批古钱还是很不错，以清钱为主，挺有收藏价值的。既然他们交易没有达成，我就应该追上去，花四百块钱把这批东西买下来，可惜啊，反应稍显迟钝，没能及时出手，白白错失良机。

在市场七转八转，最后从雷老板的三轮车上取得一册民国《皖志列传稿》，又杂七杂八地买了几本文博杂志，草草收场打道回府，结束2020年新年后的第一次淘书之旅。

今日淘书明细如下：

1.《中日甲午海战中方伯谦问题研讨集》，知识出版社1991年出版，10元购自李老板。甲午战争中，济远舰管带方伯谦以"牵乱船伍""临阵退缩"之罪而被处决，百余年来，关于此案一直颇有争议，这本书相当于是在为其"翻案"喊冤，其中方的侄孙女——定居在美国的方俪祥一直在呼吁，说方伯谦是被李鸿章、丁汝昌、刘步蟾等人公报私仇而陷害致死的。具体历史情况我不太了解，个人感觉，方氏或许有错，但是罪不至死，可能清廷需要找个级别高点的替罪羊来背锅吧，老大帝国败于蕞尔小国，让朝廷颜面尽失。

又在李老板摊位购得2018年第十三辑《安徽文博》杂志，本辑刊有芜湖博物馆张伟的《芜湖市馆藏南宋祝公、余氏买地券考》，去年在芜湖博物馆，和张兄曾有一面之缘。

2.5本文博杂志图书20元，购于曹老板。这5本书分别是《徽州文博》2014年第二期、《文化古城歙县》《2013安徽博物院》以及《陇右文博》2017第2期、第3期，价格算是很优惠的了。从花冲公园市场开始，就经常在曹老板夫妇俩的摊位上买书，他们家以前确实有很多好东西，价格也便宜。曹老板一直在市区三孝口、四牌楼周边收书、收字画和老物件，三孝口曾经是合肥的文化教育核心区域，这些年来无论是机关单位换址，还是老居民搬家，都致使很多好书、珍贵资料流散到市场上。

当年在花冲公园市场，我从曹老板摊位曾淘得省农业农村厅（农委）赵笃庆老先生的书信手稿材料，赵老民国时期江西中正大学毕业，文字典雅、书法流畅，特别是八九十年代，他写给台湾叔父的书信，感情真挚，百转千回，叙述49年之后秋浦赵氏家族变迁和他个人的坎坷遭遇，读罢令人感慨万端。

3.民国《皖志列传稿卷六》，购于朱老板，180元，前面几页有所损伤，后半部分总体尚可。本册列传主要有：泾县包世臣、石埭陈艾、婺源齐彦槐、全椒薛时雨、歙县邓复光、桐城方东树、方宗诚、方昌翰、桐城姚莹以及子姚濬昌、孙姚永朴、姚永概、桐城龙汝言、石埭周毅、桐城刘开、桐城张傅诰、桐城徐璈、桐城光聪谐、桐城马树华、马树章以及其孙马其昶、桐城方奎炯、桐城方锡庆、怀宁陈世镕、合肥江云龙、和州鲍源深、贵池刘瑞芬、旌德吕贤基、桐城徐丰玉、灵璧张锡嵘、桐城马三俊、庐江吴廷香、桐城戴均衡、阜阳朱凤鸣、定远方濬颐、定远方濬师、合肥徐子岑、合肥朱景昭、合肥王尚辰、歙县方士庶、歙县闵裹等等乡贤名宦。通过这个籍贯名单可以看出来，安徽省的桐城是真牛，真正的人才辈出、文脉瓜瓞连绵，千年文都大桐城，果然名不虚传。

（2020 年 1 月）

初夏寻书周谷堆

今天是礼拜天，例行是合肥周谷堆书市开集的日子。早上睡到自然醒，吃罢早饭，遂赶去市场取书兼淘书。

早市人气还行，摊位一字排开，满满当当地摆放着书籍和杂项，一家紧挨着一家，一摞摞的图书、重重叠叠的旧货，琳琅满目。目测书市的客流情况，大致恢复到疫情前的八成左右吧，淘书的顾客们也是摩肩接踵。只有人气恢复了，书市方能繁荣，老板们才能赚到钱，顾客们也能淘到心仪的图书，真正的各取所需、相得益彰。

陈大姐家的书摊是市场最好的位置，所谓的旺铺档口。在她家看到厚厚一大册的《寿州窑》，这书蛮好，淮南市博物馆编著，图文并茂。我去年在省博老馆听过淮南馆沈汗青馆长的讲座，他在寿州窑这个领域当之无愧是专家，这本书就是他领衔主编的，我省古陶瓷研究泰斗李广宁老先生写的序言，去年我曾陪同李老走访皖南的宣州窑、霞涧窑，沿着水阳江的山间田头，勘察古窑址的近况，收获颇丰。好书自然不便宜，陈老板开价120块，我心里价位60—80元，价格实在谈不拢，只能悻悻放回书摊原处。

从杨老板的摊位淘到一本《凤阳名胜大观》，8块钱，黄山书社2005年出版，作者孙详宽。孙老先生当年是凤阳县文管所的副所长，他写这书也是实至名归，乡人写乡事，熟悉当地情况，自然是信手拈来。最近刚刚去了一趟凤阳，得空参观该县的博物馆，在馆里遇到阚绪杭老爷子，阚老最大的贡献就是主持发掘蚌埠双墩一号春秋大墓，退休后被凤阳馆聘请，继续在文博领域发挥余热；当天又去凤阳中都皇城遗址转了一圈，从西华门由西往东入内，巍峨宫墙依旧在，只是朱颜改，宫阙万间都做了土，兴亡都是百姓苦。进去的时候，城内正在噼里啪啦地施工复建，挖掘机轰鸣，举目四望，空旷得很。

（作者和阚绪杭先生合影）

接着轮到小李老板的摊位，取得上次在微信群里购买的《一位台湾抗战老兵的秘籍》，30元。这位叫李效廉的抗战老兵，池州青阳县木镇人，早年投身行伍，期间既抗击日本侵略，也打过内战，一度担任木镇的镇长。1949年解放军渡江，他只身从木镇向南逃遁，先是翻越九华山经石台县，再过太平、汤口、潜口、岩寺、屯溪、深渡、淳安、杭州，一路辗转，历经坎坷，又自浙江定海县乘船渡海，抵达国军所控制的舟山群岛，最后在军中袍泽的提携下，从岛上驻扎的55军调回台北，在东南长官公署技术总队担任少校参谋。李老先生后来退役经商，事业蓬勃发展，两岸关系解冻后又返回家乡投资建设，真是大时代洪流下传奇的人生，值得一读。

木镇这个皖南小镇我还是蛮熟悉的，印象深刻的是街上尚残存着一些青砖黛瓦的徽派老房子，之前我做轮胎销售业务的时候经常过去，我们在当地有个客户叫龚贞春，所以隔三差五要去拜访他，跟他聊生意，统计货品、沟通订单、处理售后、催收货款。一晃有十几年没有去过木镇了，也不知道龚老板如今轮胎买卖做的怎么样了。

从阿明总的摊位上购买了四本书，合计25元，分别是《安徽交通学校校友通讯录一九五六年——一九八六年》《全国重要抗战文物导览2015》《朵云轩2019古籍专场拍卖会图册》《安庆第一中学校友通讯录2006年10月》。拙荆是安徽交通学校毕业生，回家后把这本母校的通讯录送给她，她自然是很开心、很亲切，名单上面都是她的学长学姐，有些前辈现在是她的单位领导。安庆一中的通讯录是一位叫"潘晓林"的校友捐印的，潘先生回馈母校，善哉、善举。

在三友谷瞿老板的摊位上，和李老师打了个招呼，寒暄了几句，李老师讲他休息天在家没啥事情，闲着也是闲着，不如来书市转转聊聊天，也是蛮好的消遣，哈哈，所言极是。我买了瞿老板七本2011年的《凤凰周刊》，10块钱，其实老杂志翻翻也挺有意思的，特别是十年前的报纸杂志，有些文章非常犀利，直面现实。不过自从2012年度某人任职岭南开始，南方系也是日益式微。

从老张哥摊位拿得三张老照片，也是之前微信群里购买的，我主要是想要这帧赵先生的相片——一位值得尊敬的老人家，晚年结局让人唏嘘叹息。还购买了两张六十年代巢县柘皋供销社的股金证，加盖有理事主任"许家滨印"，我们老家的老资料，两张10元。

在姚老板的摊位先是买了一本《抗战家书——我们先辈的抗战记忆》，10块钱，本书除了收集左权、吉鸿昌、张自忠、戴安澜、蔡炳炎等耳熟能详的历史人物书信，还包括部分普通抗日民众的家书，这些书信穿越历史的硝烟，读来感人肺腑，令人潸然。接着又从姚老板的摊位上淘了一批老资料，是一位叫"戴琥"老先生的旧物，包括他五十年代合肥二中读高中时的作业本、在合钢上班的各种材料、八二七、批斗李葆华、刘少奇、宋佩璋讲话，以及他姐姐从陕西宝鸡邮寄来的七八封家信等。姚老板不在摊位，他夫人祥菊大姐开价100元，最终55元成交，没办法，现在整体经济状况不好，太贵了我也不想买。

最后花了20块钱买了一本《汤氏宗谱第一卷》，是长丰造甲乡汤冈村的。估计是从修谱的印刷公司流散出来的吧。

时间匆匆，不知不觉快到中午12点了，有些书摊老板也开始收摊。我背着沉重的书包离开周谷堆市场，今天总体还是有点收获的，主要是戴琥老先生的资料蛮有价值，等空闲的时候再详加整理。

气温逐渐升高，夏天来临，天空中飘浮着令人尴尬难受的杨絮。庚子年的春天，就这么轰轰烈烈又平平淡淡地过完了。

（原刊于 2020 年 5 月 15 日 "最忆是巢州" 公众号）

买得新书忆敦煌

今天是周日，本来想着早上多睡会儿，可惜小二宝一早就醒来，三四岁的小孩子也没有睡回笼觉的概念，醒了立马就不停地吵吵嚷嚷，说要下床去玩耍，搅和的大人也没办法再休息。哎呀，这小朋友，扰人清梦，罪过啊罪过。

草草吃罢早饭，在小区楼下扫了一辆单车，沿着铜陵北路的人行道，由北往南，摇摇晃晃地骑着车去周谷堆淘书。

早上的天气真不错，举目四望，蓝天白云，暮春初夏，正是江淮地区最美好的时节，所谓的"杂花生树，群莺乱飞"，一个人踩着单车，确实也挺惬意的。人到中年，天天琐事相缠，难得独处，骑在车上，看看沿途熟稔的街景、穿梭的车流、忙碌的店家，心里有一种市井烟火的踏实感觉。

从巢湖南路径直抵达周谷堆，书市上依然是一派繁忙嘈杂的景象。摊主老板们或坐或站，大声和顾客交流还价，也有端坐在摊位一角，抽烟看手机，用眼睛的余光机敏地扫描着光顾的客人。而淘书客们则弯腰撅腚，从一排排摆得密密麻麻的书摊上，搜索自己感兴趣的图书。

我也不例外，挤进人群，挨家挨户寻觅中意的宝贝。首先在陈大姐的书摊上，花了5元钱买了一本《东方红》红歌集，1972年延安大学出版的，当然，我对本书的具体内容不感兴趣，无非是买个那段历史的缩影和见证。

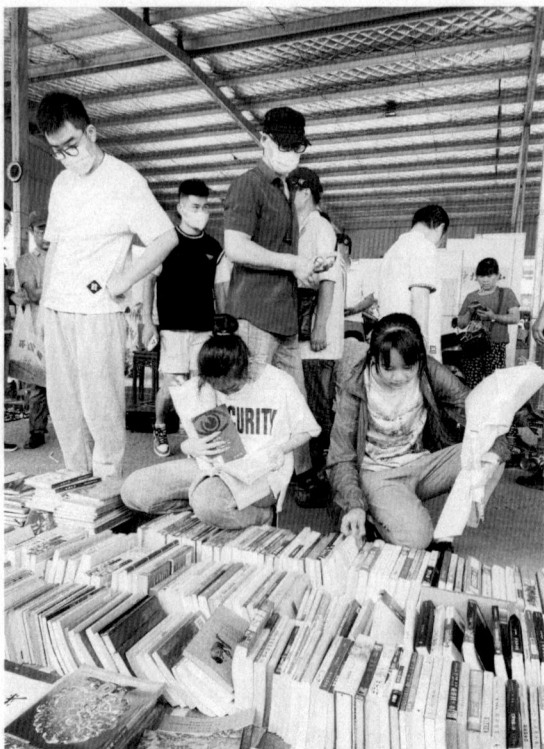

（合肥周谷堆书市一瞥）

在曹老板的摊位买了2015年第一期的《灵璧文史》和《未藏真吟稿》，两本10元。

又花了10元，从刘老板的摊位淘了贾平凹的《佛关》和《贾平凹散文精选》，另外购得《合肥三中通讯录》10元、《学术薪火》5元。

合肥三中现在位于逍遥津公园西侧，前身是民国时期的私立正谊中学，由合肥乡绅刘君尧、童茂倩等人创办，百年名校，环境优美。随着合肥六中的外迁，留在老城区的高中除了三中之外，貌似其他就不太多了。另外这本《学术薪火》厉害，由清华大学三十年代本科生的十几篇毕业论文组成，主编葛兆光先生在前序里说，他在清华大学老图书馆布满灰尘的阁楼上，发现了数百种当年学生撰写的论文，仿佛如同考古一般，把这些论文挑选梳理出来十余种，编辑成这本书，我对《清代之军机大臣》和《古乐府考》等文章比较感兴趣，从中可领略到民国大学生的学术水准，很是敬佩。

继续闲逛，从墨子书屋李老板购得2012年《咬文嚼字》合订本10元。无为老先生那里23元购得《海外稀见抗战影像集》，这本挺好，画面精美。丁老板购得四本，其中两本《宋词选》，版本略有差异；另外两本是《魏晋六朝诗选》和《晚清宫廷生活见闻》，这四本都是之前在微信群里下单的，今天才取得。又在李老板摊位购得《挥之不去的记忆——安农往事》10元；另外《凤阳古今》《桓谭》《安庆》三本小书合计10元。

从一位老先生的摊位淘得上中下三本一套的《中国文学发展史》，25元。老先生说这些书都是他自己收藏阅读的，现在年纪大了，眼睛视力也不好，没办法再看书，所以把藏书陆陆续续地拿出来出售，说得也挺伤感的，这可能就是古往今来读书人、藏书人的必然宿命吧。

最后从群主雷老板购得《敦煌》画册，厚厚的一大本40元成交，书的扉页是"纪念敦煌藏经洞发现一百周年"，由敦煌研究院编辑，图文并茂，印刷精美，非常有史料价值。

去年10月份公司在敦煌举办飞亚达品牌年会，我很荣幸地参与其中。记得当天抵达敦煌的时候已经有点晚了，安顿下来后独自去沙州夜市逛街，市场两旁排列着很多小吃店、工艺品特色商店，琳琅满目，颇有异域风情。夜市旁边有座清真寺很宏伟，还有一个清代的粮食仓库——甘肃省保"敦煌南仓"，黑漆麻乌得看不清楚，感觉颇具规模。西北夜晚气温低，风寒露重地逛了一圈，回宾馆睡觉。

第二天去品尝敦煌的老字号"夏家合汁"，味道鲜美无比。饭后漫无目的地溜达，在一个叫"沙州乐园"的公园里，居然看到张议潮的戎装跨马雕塑，马首高昂、姿态雄壮。"河西沦落百余年，路阻萧关雁信稀。赖得将军开旧路，一振雄名天下知"——这首诗描述的主人公就是张议潮，他是中晚唐声名赫赫的汉人将军，起兵反抗吐蕃，率领归义军克复瓜、沙、凉诸州，归顺大唐，创立的归义军政权在河西走廊存在了180多年，威名远播，后被西夏国主李元昊所吞并。

随后参观游览著名的莫高窟和鸣沙山。最早听说莫高窟的名字，应该是初中时读席慕蓉的文章，她在一篇文章里提及英国人斯坦因盗窃走了众多敦煌文献，女作家在文中谴责了这种行为，也认为此举客观上为整个人类完整地保存了这部分文物，所以还是有"贡献"的。

进入莫高窟之后，跟着导游走马观花，为了保护文物，目前只有四十多个洞窟对游人开放。我们逐一瞻仰了其中的八个洞窟，依稀记得是北周、隋、盛唐、晚唐、五代曹议金、宋、西夏等时期，洞窟中有些菩萨是清代重塑的，比早期的雕塑逊色很多，洞中许多壁画保存得原汁原味，感觉非常震撼。

出了莫高窟核心景区，在往回走的路边上，看到一座孤单矗立的白色圆形墓塔，墓塔的主人叫王圆箓——前湖北麻城农民、后信奉道教的道长，话说藏经洞窖藏的珍贵经书文献，就是这位王道长偶然发现的。

这次愉悦的旅行，在见识了西北壮美风光的同时，也学到很多历史知识，让我始终对敦煌怀着一颗敬畏与好奇之心。正是由于这种情怀，才让我毫不犹豫地从雷老板那里买下这本精美的《敦煌》画册，如今闲暇时随手翻一翻，依然是非常愉悦的阅读体验。

（2020 年 5 月 17 日）

梅雨时节觅书香

最近有点忙，有好几周没有去周谷堆书市。今天周日阴雨天，在家也没啥事情，所以一早吃罢早饭，驱车径直去市场。

合肥的旧书市场，滥觞于二十世纪八九十年代，据说最早的市场发端于合肥包河公园，当时叫"狗市"。后来由于整治市容，曾经移至和平广场，书市规模逐步扩大，品种增多。九十年代很多国有工厂、企业改制破产，厂办图书馆的藏书源源不断地流散出来，货源充足，好书比比皆是，到了1994年，合肥书市搬迁到东门花冲公园，形成全省最大规模的旧货、旧书市场。2017年花冲公园提升改造，书市被迫再次搬迁到目前的周谷堆。周谷堆场地狭窄，颇多不便，期望今后能够有宽敞舒适的交易地点，让合肥的读书人、淘书人有个好去处。

这两天一直在下雨，时落时停的，毕竟江淮地区已经进入梅雨天，正所谓"黄梅时节家家雨"。其实前段时间南方诸省已经暴雨成灾，看微信群里网友发的视频，广西桂林阳朔等地几成泽国，洪水滚滚而下，浪涛拍岸，令人惊骇。

抵达周谷堆，今天车少、人少，书市里顾客也是稀稀拉拉的。我今天过来主要是来取在微信群里购买的图书，之前陆陆续续地下单买书，七七八八地累积下来也有不少。

首先去曹老板的书摊，他说有我两本书，不过今天走得匆忙忘记带来了，下周再带给我。在他的摊位前面，看到有两位挎着Canon相机的先生，正在专心致志地拍摄书市的交易场景，很专业的样子。确实最近周谷堆书市的影响力在日益提升，吸引了蛮多媒体、摄影师来采访、采风，好事情啊，对整个古玩书市都是良好的宣传，衷心祝愿市场越来越繁荣，老板们能发家多赚钱。

（书市里的小朋友）

张老板的书摊位于市场中段，位置挺好，从他家挑选了一本徐中舒先生1962年在川大时编纂的《左传选》，中华书局1987年第10次印刷，5块钱，繁体竖版，封面装帧素雅，希望有空能多阅读，别再束之高阁了。又花了5元购买了一本《曲阳史话》，熊明陶著，曲阳是定远县在战汉时期的古称，这是一本难得的地方史资料书，包含了定远建置沿革、山脉水系、历史人物、文物古墓等内容。最后又从张老板的摊位购得6册2018年的《国家人文历史》杂志，12元成交。

在李老板的摊位购买了2019年第1期的《雅集》，江苏的文史杂志，书中有几篇关于南京的文章还是比较有趣。还买了一本《新安探微——从论述到摹写》，陈明哲著，主要描述了新安画派渐江、石涛、黄宾虹、汪采白诸大家。另外淘了十几个小笔记本，合计40元。

之前从群里司老板那里购买了4套金庸的小说，包括《碧血剑》《天龙八部》《笑傲江湖》《倚天屠龙记》，这几套书司老板上次来周谷堆，我让他丢在李老板书摊上，今天正好过来一并取得。四套书好像不到一百元，不贵，不过品相不太好，买了是给儿子看的，今年他读了好几本古龙的小说，金庸的他看了《射雕英雄传》，所以又买了这几套经典的，希望他能喜欢。

晚上和儿子聊天，他说他还是喜欢看古龙的小说，可能是古龙描写的比较浅显直白，便于孩子阅读吧。金庸的涉及面太广，需要有一定的文史知识积累，方才能体会其中的妙处。网络上有个叫"六神磊磊"的作家，专门写金庸，以古喻今，用小说反映当下的现实生活，文笔很精彩，颇有社会影响力。

记得我念初二的时候，翘课躺在校园外的蒲塘冲村草垛根上，晒着冬日暖阳，微醺一般，津津有味地看古龙的《多情剑客无情剑》，幻想着长大后能像李寻欢、阿飞那样仗剑闯天涯，醇酒妇人相伴、大漠旷野驰骋。

走到无为老爷子的摊位，花了10块钱买了《历史是个什么玩意儿》两册，本书从唐尧、夏启开端，一直写到新中国成立，内容通俗易懂，给儿子看看应该是不错的。

周老板之前也是摆地摊，最近刚刚在周谷堆搞了个固定门面，书店起名曰"闲庭拾趣"，和"周怀玉书店"比邻而居，两位老板都姓周，算是不浅的缘分。我和周老板寒暄了几句，恭喜他新店开张，预祝他生意兴隆。周老板的店除了经营旧书，其他杂项也很多，错落有致地摆满了一屋子。

从刘老板家淘得三本书，分别是孙文的《建国方略》《明光文史第八辑》《明光历史文化集存》。

《建国方略》厚厚的一大册，其中最后的章节还包括"总理遗嘱""孙文年谱"等内容，很翔实的资料。明光以前叫嘉山县，嘉山这座山位于县境西南部，为明光市海拔最高峰，早年的嘉山县因此山而得名。这两本地方史书，把明光的历史沿革介绍得非常全面，当地清代出了封疆大吏吴棠，官拜四川总督，是慈禧太后的红人；"汪辜会谈"中的汪道涵，祖籍也是明光人，汪老在沪上的时候是长者的伯乐。后来我遇到一位台湾客户，在上海定居多年，吃饭聊天过程中得知他爷爷是嘉山人，1949年去台，他本人对故乡的人文历史不太清楚，于是我把这两本书邮寄给他，再次见面的时候，这位叫文森的兄弟特别感动，哈哈。

在张老板的"庐州旧书店"取了上次群里购买的两份材料，是《安徽史学》的退稿处理标签，包括西北大学李志松的《李鸿章与中国军队近代化》、华东师范大学路新生的《凌廷堪与戴学》，当年两位同学遭到退稿，应该比较郁闷吧。我觉得凌廷堪一文写得还是不错的。个人觉得《安徽史学》是我省办得最好的杂志。

最后从祥菊大姐的摊位挑选了一堆档案资料，主要包括八九十年代安徽省京剧团的各种文档报告、集资建房、演出合同、工资账单、分房申请等。晚上在家简单翻阅了一下，管中窥豹，这些资料是三十年前时代特色的真实反映，读来也别有趣味。我推测这批东西的原主人是"付＊＊"，付先生曾经担任过省京剧团行政科长、办公室主任。

安徽省京剧团的前身为合肥新生平剧社，新中国成立后更名为新民京剧团，1956年为国营合肥市京剧团，1960年改建为安徽省京剧团，八九十年代的时候社会经济效益不好，各种矛盾冲突在这些材料里略见一斑。

另外还有十余份安徽教育学院等学校的"干部履历表"，内容林林总总、不一而足。

又有"王尔＊"档案一份，内容较为完整，包括入团志愿书、合肥九中毕业生登记表、1979年高等学校招生报考表、1983年安徽大学外语系毕业生登记表等。由于原主人是肥东人，我推测她可能隶属于肥东"定光王氏"，"尔"字辈，和我们村王尔兵表叔同属于一支。1979年能够顺利考入安徽大学外语系，确实是很牛了，这位王大姐后来在安徽工学院执教。

以上这一大堆资料合计60元。

已经是盛夏，书摊大棚里空气污浊，弯腰低头地翻书，热得汗流浃背。看看整个市场也没啥特别有价值的东西，遂骑车回家，结束今天的周谷堆淘书之旅。

（原刊于2020年6月17日"最忆是巢州"公众号）

安大的毕业论文

一、淘书经过

进入夏季以来，长江流域大雨肆虐，江河湖泊积水暴涨，鄂、赣、皖诸省饱受其害。洪涝加上疫情，网友们发明了一个新名词，叫"涝疫结合"，用以形容当下的社会状况，真是令人徒唤奈何。在天灾频发的淫威面前，人类还是太渺小了，虽然这些年来全球科技昌明，但是对于大自然，我们始终要保持一颗敬畏之心。

昨夜持续降雨，好在黎明的时候雨停了，于是吃罢早饭，例行去周谷堆市场淘书。前几天在微信群里，从曹老板手上购买了不少书刊，今天过来主要是取这批图书。

开车抵达周谷堆，地面上还残存着部分积水。市场里来淘书、淘旧物的人络绎不绝，人气一直还是挺好的。

在摊位上和曹老板打了个招呼，说我自己先逛一圈，临走的时候再来拿书，他说没问题。于是在市场里随便转悠，这几年旧书资源日益枯竭，现在书市也很难淘到心仪的宝贝。

转了两圈，确实没淘到啥有价值的东西，略感郁闷，转念一想这是正常现象，哪来的这么多漏可捡的？于是内心也就释然了。

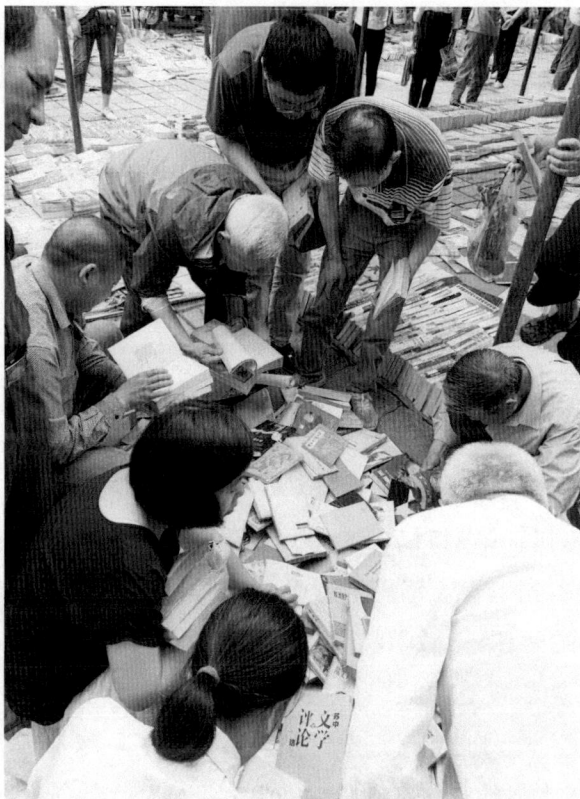

（书市里淘书的书友）

在刘老板的摊位上花了20块钱，买了一本安大中文系七八级同学毕业十周年纪念册。1978年刚刚恢复高考，这些能够考入安大的年轻人，是那个时代的幸运儿。翻阅册子里的名单，熟悉的只有安徽省作协主席许辉先生、省人大常委会原副主任詹夏来先生，还有我巢著名文人鲁彦周的公子鲁书潮，没想到他们居然都是同班同学。

从小李老板摊位购买了几本书，分别是《合肥纵横》5元，1990年出版，插图不错，保存了蛮多当时合肥的城市风貌。《安庆监狱百年变迁史画册》5元，叙述了位于老省城安庆饮马塘的监狱历史建制沿革，从清末、民国一直到解放后，画册里还刊登我们苏湾老乡程传水大哥视察这个监狱的相片，也是挺巧合的。另淘有

207

2002年的《桐城派研究》杂志两册10元。近几年来，在地方文献资料图书方面，我主要就是搜集徽学和桐城文派相关的著作。

市场上实在是没啥可寻觅的了，遂到曹总摊位，和他一道去停车场把上次微信群里购买的图书，逐一从车子的后备厢里拎出来，这批图书资料花了390元，厚厚的一大摞子沉甸甸的。

二、图书内容简介

回到家后简单整理这批材料，主要是安大历史系的研究生毕业论文打印稿和徽学著作，现简单罗列如下：

《徽学丛刊》第七辑，2009年省徽学学会编纂，主编是我非常敬爱的刘伯山先生，今年疫情影响，也没去看望他，希望下半年能抽空陪他小酌两杯。《徽学丛刊》杂志我搜集了1—13辑，后面貌似还有14、15两辑没有收藏，于是上网搜索，在合肥爱知书店下单付款40元购得，改天抽空到三孝口女人街他家店里取书。

《徽学》大开本杂志第八卷，2013年安大徽学研究中心编。本卷的主要目录内容有：徽州文书研究、徽商与徽州文化研究、徽州社会史研究、徽州文献与学术史研究、徽学新书评介，刊发的都是省内乃至国内最杰出徽学专家的论文，值得细细品读。

《儒学与地域文化：徽学国际学术研讨会论文集》，由北京大学中国古文献研究中心和安徽大学徽学研究中心主办，该研讨会2014年在合肥召开，本书是这次研讨会的论文结集打印稿，厚厚的一大册，应该没有正式出版。

《2015年安徽省徽学学会学术年会暨"传统与变迁：徽文化与当代中国"学术研讨会论文集》，这书名可真够长的。和前面的一本类似，也是论文打印稿，同样是厚厚的一大册，主办方是安徽省徽学学会，承办方是安徽师范大学历史与社会学院、中国区域文化研究院，该研讨会2015年12月份在芜湖召开。

众所周知，省内徽学研究的翘楚机构，主要就是安徽大学、安徽师范大学和黄山学院等几家高校。安徽师大对徽学的研究起步最早，二十世纪八十年代中叶就成立明清史研究室。该校在老校长张海鹏先生的带领下，徽学研究特别是徽商研究领域成果斐然，培养了一大批杰出教学科研人才，除了张海鹏先生之外，还包括王廷元、王世华、周晓光、李琳琦、唐力行、徐彬、刘道胜等诸位先生。可惜近来有好几位老师离开了江城赭麓校园，不由得让人感到遗憾。

《安徽省徽学学会学习党的十九大精神研讨会暨2017学术年会论文集》，也是超厚的论文打印稿，主办方安徽省徽学学会，承办方安徽大学徽学研究中心。这次研讨会是2017年在合肥召开的，由安徽师大而至安大，貌似徽学研究的主阵地已经从芜湖转移到合肥了。

当然，不是说这种转移不好，我觉得最理想的状态，是安师大继续挖掘自身的潜能和强项，毕竟师大地处江南，从地域的角度来说，离徽州更近，而且明清以降有太多的徽州商人在芜湖经商定居，许多芜湖人就是徽商的后裔，具备得天独厚的土壤和氛围。当下安徽师大的关键是留住现有的学术精英，提高教师的收入待遇、予以老师们良好的晋升空间；同时不断培养青年人才，形成徽学研究的骨干梯队，薪火相传，确保科研队伍的稳定性和延续性。我作为一名打酱油的徽学爱好者，总是希望省内的徽学研究不断推陈出新、取得丰硕的成果，越来越好，越来越有社会影响力。

以下是二十余份毕业论文打印稿，作者基本上都是在安大徽学研究中心就读的硕士和博士，其中部分论文有红笔修改备注，应该是相关指导老师批改的。

1.安徽大学硕士学位论文《近代新安江流域市场研究（1840—1937年）》，作者徐丽婷，指导老师张绪，2019年5月。

新安江发源于休宁怀玉山六股尖，一路汇聚多方水系蜿蜒向东，最后由练江和渐江在歙县浦口汇合而成。练江主要流经绩溪和歙县，由扬之水、布射水、富资水、丰乐水四条主河流汇成；渐江则由横江和率水在屯溪交汇，形成所谓的三江口，前段时间被洪水冲垮的国保"镇海桥"（黄山人俗称老大桥），严格意义上来说跨越的不是新安江，而是横江。数年前我出差休宁县城，曾经在横江的岸边散步游览，盛夏时分，艳阳高照，隐隐记得其绿水逶迤，清澈见底，宝塔高耸，青山如黛。

本文以近代的新安江流域社会经济为研究对象，主要阐述了该流域的自然地理环境、水系、以粮食为主的大宗商品输入、以茶叶、木材、桐油为主的大宗商品输出，再分析屯溪、深渡、威坪等沿岸城镇经济状况，对比江浙地区同时代的市镇经济，得出了近代新安江流域区域市场发展不均衡、经济结构相对落后的结论。

2.安徽大学硕士学位论文《〈倭变事略〉研究》，作者易超，指导老师周致元，2016年3月。

《倭变事略》的作者叫采九德，在历史上是个寂寂无闻的小官。天启《海盐县图经》载其"卫官，舍贡为教授，当嘉靖倭变时，九德尝取幕府日报，为东夷事略二卷，谈倭扰时事及诸帅功罪颇为晰"。这本书主要就是记载两方面的内容：一是嘉靖朝倭寇入侵东南沿海并给海盐等当地百姓造成的兵燹灾难；另外就是如何防倭御寇，涉及明朝官兵和倭寇交战、战术，以及徐海、汪直的覆灭。补正史《明史》《明实录》之阙略，亦为方志之史源。

3.安徽大学硕士学位论文《陈邦瞻〈宋史纪事本末〉研究》，作者张薇，指导老师张金铣，2016年3月。

《宋史纪事本末》的作者是明代中后期学者陈邦瞻，陈氏江西高安人，万历二十六年进士，官至兵部侍郎、总督两广军务兼巡抚广东。这本书我有一套中华书局的版本，几年前当当网做活动时购买的，还一道购买了明史本末和三藩本末，基本上都没怎么看，真是囧得很，不知道啥时候才能翻阅翻阅。

《宋史纪事本末》一书上自"太祖代周"下迄"文谢之死",介绍了两宋三百年的历史变迁,主要涉及政治沿革、典章制度、思想文化、经济活动以及宋与辽、西夏、金、蒙古等边疆问题、历史重要人物等内容。

4.安徽大学博士学位论文《城市文化遗产保护视野下安徽文庙研究》,作者朱样,指导老师江小角,2018年9月。

安徽文庙兴建始于唐代,根据文献可考的记录,庐州学宫修建于唐武宗会昌年间、寿州学宫修建于唐初、池州学宫再建于唐德宗贞元年间、歙州修建于太宗贞观年间、亳州建于玄宗天宝元年,其他不一而足。截至目前,我皖省尚有文庙建筑17处,我去过合肥、桐城、霍山、绩溪、寿县、蒙城等地文庙。

5.安徽大学硕士学位论文《清代徽州宗族保障研究》,作者夏晓慧,指导老师卞利,2017年5月。

本文主要引用的参考文献包括徽州各县方志、刘伯山《徽州文书》第一辑——第五辑、《休宁茗洲吴氏家典》《歙县潭渡孝里黄氏族谱》《济阳江氏统宗谱》《重修古歙东门许氏宗谱》等。文章逐一论述了清代徽州普通民众的生活状况:山多地少,生存环境脆弱;宗族社会的大背景;宗族保障的物质来源,主要是义田、义仓、义屋、学田、义冢;救济的对象包括孤寡、残障、孤童、节妇等;教育保障、养老、就业、医疗保障、婚丧嫁娶保障、戒溺女、粤乱匪患、宗族内部互助等等保障;最后一部分是宗族保障的社会积极意义。

6.安徽大学硕士学位论文《明清徽州日常人情交往研究》,作者李玲玉,指导老师张小坡,2018年5月。

传统中国是个熟人社会,明清之际的徽州尤为重视人际交往,不管是在婚嫁、吊丧、祝寿、庆生、乔迁、入学升迁等仪典性交往中,还是新春拜年、日常节假日的互动走访,徽州人都付出了很大的精力和财力。

　　本文主要以徽州吴氏家族《乾隆家用收支账》（贯穿祖孙三代、累计一百二十年的家庭账目）、婺源詹元相《畏斋日记》为依据，详细阐述了徽州地区的日常人情交往内涵。我随后在孔夫子购书网购买了1983年第四辑的《清史资料》，该杂志当期刊登了詹元相《畏斋日记》全文，第一手的材料，真实地记录了清代中叶的徽州历史社会生活。

　　7.安徽大学硕士学位论文《萧江氏宗族"迁徽易姓"叙事研究》，作者程石磊，指导老师胡中生，2019年4月。

　　这两年我对家谱研究的文章兴趣浓厚，所以很认真地阅读了这篇文章。古徽州地区，江氏是名门望族，其中又有"真江"和"假江"之分，"真江"就是济阳江氏，江泽民主席家族隶属于这一支派；"假江"即是本文着重探讨的"兰陵萧江"，这一支的江氏认为他们源于兰陵萧氏，由于唐末战乱，遂避难于徽州，由于某种原因，易萧姓为江氏，并且追认唐宰相萧遘的次子萧祯为始迁祖。

　　本文作者通过相关文献史书、方志的记载，阐述了萧江氏和兰陵萧氏并无直接关联，特别是始迁祖萧祯的事迹和地方志不符、萧江氏谱牒文献有作伪现象。在此事实的基础上，分析了其家谱中对于"迁徽易姓"背后的地方社会宗族利益争夺、族众团结、社会认可、儒家伦理对于宗族教化影响等因素。全文言之凿凿，论证清晰，难得的好文章。

　　8.安徽大学硕士学位论文《明代徽州礼学思想初探》，作者许璐，指导老师徐道彬，2017年2月。

　　狭义的"礼"，可指日常生活中的礼仪，广义的则如皮锡瑞所言："六经之文，皆有礼在其中。六经之义，亦以礼为尤重"。"礼"与"理"在义理上可以互通。明初徽州礼学沿袭宋元旧说，主要以汪克宽为代表人物；明中叶，程朱理学受到阳明心学的冲击，礼学急需转型，以程敏政为代表。嘉靖朝"大礼仪"事件，可以理解为程朱理学和阳明学之间深层次的思想冲突；到了明末，整个社会危机即将来临，礼法松弛，这一时期出现具有训诂化的礼学著述，包括金瑶《周礼述注》、程明哲《考工记纂注》、姚应仁《檀弓原》、黄生《字诂》《义府》等。

9.安徽大学硕士学位论文《汪绂礼学思想初探》，作者孙远，指导老师徐道彬，2016年4月。

汪绂徽州婺源人，是康乾时期的经学家、理学家，一介布衣，世称"双池先生"。其学以北宋五子为归，旁及乐律、天文、地理、兵法、医药，其一生尊崇同乡大儒朱熹，所著《易经诠义》《诗经诠义》《四书诠义》《礼记或问》《山海经存》《医林纂要探源》《立学斋琴谱》等。

10.安徽大学硕士学位论文《清以来徽州人的节时休闲活动研究》，作者吴杰，指导老师张小坡，2018年2月。

作者介绍了徽州一府六县的节假日休闲活动，各地有共性，又有不同之处。再细分到文人士大夫、普通民众、徽商、妇女等各阶层，逐一阐述。徽州的节日特别多，正月里有春节、元宵节；二月春祀、迎土地、游越国公汪华像；三月清明插柳；四月立夏、浴佛日造饭菜；五月端午赛龙舟；六月祀田祖；七月中元节祭祖演剧、盂兰会、城隍会；八月中秋；九月登高；十月下元节扫墓；冬月冬至祀祖；腊月送灶初尘、除夕守岁。庙会、戏曲、体育活动等接连不断，丰富多彩。

11.安徽大学硕士学位论文《明以来徽州卖契中卖产原因研究——以〈徽州文书〉为中心》，作者洪虹，指导老师刘伯山，2017年5月。

本文以刘伯山先生主编的《徽州文书》为载体，分析了徽州百姓卖产的四大主要原因：急用正用、管业不便、经商之需、还债取赎。《徽州文书》由广西师范大学出版社影印出版，尺寸超大、装帧精美，前年聚会的时候，我曾得刘伯山先生赠徽州文书两大册，非常开心，回家后很认真地再三翻阅。

（作者和刘伯山先生合影，获赠《徽州文书》）

12.安徽大学硕士学位论文《清末至民国时期的安徽茶税》，作者刘曼曼，指导老师张小坡，2019年4月。

众所周知，安徽茶叶两大重要产区就是皖南黄山地区、皖西六安地区。本文主要介绍了皖省茶叶产销情况、晚清以及民国茶税税率、茶税征收机构、官民矛盾冲突等内容。

13.安徽大学硕士学位论文《姚际恒礼学思想初探》，作者周苹苹，指导老师徐道彬，2018年2月。

姚际恒祖籍徽州休宁，后迁杭州，清初辨伪学家、经学家、文学家，著有《九经通论》《古今伪书考》《好古堂书目》。

14.安徽大学硕士学位论文《近代徽州女性日常生活研究》，作者李鲜，指导老师胡中生，2019年5月。全文包含了近代徽州女性的家居生活、经济活动、精神状况等内容。徽州女人不容易，千百年来一直饱受某些封建糟粕思想的荼毒，为了家族付出很多。

15.安徽大学硕士学位论文《清代中期徽州山林保护研究》，作者卢佳林，指导老师卞利，2017年5月。全文包含了徽州护林的重要性、迫切性；山林保护的具体措施；护林制度的影响以及社会效应。我对来源于安庆地区、江淮地区的棚民垦山活动比较感兴趣，江北人初到徽州，和当地人的冲突此起彼伏，然而终将还是融入徽州当中。

16.上海师范大学硕士学位论文《产权关系下的宋代土地细碎化研究》，作者余世瑶，指导老师戴建国，2017年3月。

作者认为中唐两税法改革以后，均田制彻底瓦解，导致了两宋土地的细碎化（耕地的零碎化），农民的法律地位随之提升，逐步摆脱了魏晋隋唐部曲、奴婢的身份，人身自由权利得到一定程度的保障，为活跃两宋经济提供了重要的人力资源支撑。这个观点挺新颖的，言之有理。

其他的安大硕士论文还有：《程瑶田礼学思想研究》，作者许倩华，指导老师徐道彬。《清代徽州周氏家谱传记研究》，作者周梦云，指导老师胡中生。《近代两淮盐垦公司治理结构研究》，作者徐亚东，指导老师张小坡。《明清时期徽州誉契簿研究——以〈徽州文书〉为中心》，作者刘璇，指导老师刘伯山。《于邺〈香草续校书〉略析》，作者冯展亮，指导老师蒲霞。《明清徽州明清会研究》，作者汤传刚，指导老师卞利。《朱熹德育思想对当代德育文化根基构建的价值》，作者曹颖，指导老师裴德海。《徽州还古书院研究》，作者高丽娟。《明清以来徽州卖产价格研究——以〈徽州文书〉为中心》，作者郑雪巍，等等，具体内容就不再一一赘述。

（2020年7月5日）

秋高气爽淘书忙

　　昨夜雨疏风骤，天快亮的时候雨势方才停止，早晨出门，楼下的地面撒落了星星点点的桂花。搬进淮河西路的司法厅宿舍快一个月了，小区里广种桂树，最近两天繁花次第盛开，馨香沁人。

　　说到现在租住的司法厅宿舍小区，曾经是民国段家祠堂旧址的一部分。合肥赫赫有名的四大家族——也就是龚、张、李、段，段氏家族的代表人物是段祺瑞和段芝贵，淮河西路这一大片的宅院就是段芝贵修建的。段芝贵是袁世凯的心腹，股肱之臣，曾任京畿警备司令、陆军总长，发迹后在家乡合肥城修建了庞大的建筑群，分为祠堂、公馆、花园三部分，占地200多亩，雕梁画栋，异常奢华。解放后这些老宅院被新华社安徽分社和安徽日报社接管使用，1974年段家祠堂因报社的纸库失火不幸被焚毁，之后在原址修建了新华社办公楼、司法厅宿舍等小区。现在看来，段家祠堂的消逝确实非常遗憾，否则合肥的老城会更加有历史韵味，如今只有淮河西路和六安路交口的街心小花园"瑞园"里，尚保留着一株高大的广玉兰树，据说是段家仅存的遗物，风雨沧桑一百年，依然健壮挺拔，树犹如此、人何以堪。

　　出了小区大门，在路边扫了一辆电单车，骑着去周谷堆淘书。最近忙忙碌碌地，好久不去书市了，上次在微信群里购买了七八本书，想着是去把这些已经购买的图书取回来。

（段家祠堂旧址）

骑车总是惬意的，少年时代我就是这样骑着车上学、放学，奔走在乡间的马路上。经过马鞍山路的包河公园，见河里的荷叶日益枯萎，荷尽已无擎雨盖；犹记得夏天路过的时候，满池高擎的荷花，绽放得肆意而绚丽，当时还计划带孩子们来赏花游玩，可惜转眼间就花褪叶残，时光真的太匆匆。

抵达周谷堆市场，在书市大棚里逐一走走看看，浏览各家的书摊，遇到合适的图书就俯身下蹲，随手翻阅询价，七七八八淘了十余册，书单如下：

1.《故都的秋》，郁达夫的散文集子，5元购得，买了想给汤义章看，他最近刚上初一，希望他多阅读、多汲取营养，这孩子的语文基础比较薄弱。郁达夫的文章，还是早年的时候有读过，前段时间在"三友谷书社"的书架上倒是翻读过一篇《屯溪夜泊记》，写的是郁达夫和林语堂、潘光旦等几位先生，受歙县县长全椒人石国

217

柱邀请，从杭州来徽州夜宿屯溪的诸多情形。我之所以记得石国柱这个名字，是因为他曾聘请徽州大儒许承尧主修了民国《歙县志》。

2.《周一良学术文化随笔》，10元购得，安徽秋浦周氏，文脉连绵。其曾祖父周馥由李鸿章的幕府起家，后署理两江总督，又调任两广总督；祖父周学海，进士及第，著名医学家；父亲周叔弢，既是实业家，又是藏书家。周一良半生坎坷，在新中国成立后的大时代浪潮里跌宕起伏，曾经撰写文章批判恩师胡适和陈寅恪，然其人"毕竟是书生"，著有《魏晋南北朝史札记》等书稿，于2001年去世。

3.《经学通论》，中华书局的版本，清人皮锡瑞著，该书主要是对《易经》《尚书》《诗经》、三礼、《春秋》等儒家经典的阐述解释，10元购得。

4.《老舍作品经典》两册10元，儿子初一的课文《济南的冬天》，就是改编于一九三一年《齐大月刊》刊登的《一些印象》，当然这篇文章我们小时候也有学过，老师要求背诵的。老舍先生最后的人生结局也是让人唏嘘。

5.《中国古代社会史论》，侯外庐先生四十年代的旧作，10元所购。侯外庐原名兆麟，山西平遥人。1987年9月病逝于北京。早年考入北京法政大学和北京高等师范学校，同时攻读法律和历史。1936年与王思华翻译了《资本论》第一卷。后历任北京师范大学历史系主任、北京大学教授、西北大学校长、中国哲学史学会名誉会长等职。

6.《咬文嚼字》2003年、2008年、2017年合订本三册，合计30元，书中很多文章写的短小精干，知识点很广泛。

7.《古文观止名家精译》，中华书局出版，20元所购，品相佳。希望我家小伙子能多看看，很好的一本资料书。

8.《紫蓬山志》10元，2003年香港天马图书公司根据晚清李恩绶的编著重新刊印。紫蓬山算是肥西第一名山，我前前后后去过四五次吧，2016年国庆期间还在山上的西庐寺僧寮借宿了一晚，吃了一大钵的斋饭，香甜可口；第二天一大早在山上散步，落叶飒飒、寂寥无人，当时的感觉异常奇妙。

关于江苏丹徒人李恩绶，这里有必要多提及几句，他曾在合肥西乡周老圩教书十余年，周老圩就是淮军将领周盛传、周盛波家族后裔的居住地，其间遍游江淮地区的风景名胜，和周家谦、王尚辰等本地名士多有交往，编著《巢湖志》《香花墩志》《紫蓬山志》《采石志》《庐阳名胜辑要》等乡邦文献，为传承合肥地方历史文化作出了不可磨灭的贡献。

9.10元钱购买了两册苏童的文集《世界两册》《少年血》。苏童是我素来喜欢的江苏作家，二十多年前我在芜湖念书的时候，就购买过他的小说《米》，今年夏天也买了一本《我的帝王生涯》，这种小书读得轻松愉悦。两本书10块钱，还是蛮值当的。江苏作家群很厉害，除了苏童之外，我还喜欢格非先生的《江南三部曲》。

10.《通俗文学选刊》1989年11月第七期，10元购得。买这本杂志的原因，是这期所刊登的内容深刻反映了当时社会现状，如今都颇有些讳莫如深的感觉。

最后去张老板的"庐州古旧书店"闲逛，淘得十张"合肥市文物管理处藏品卡"，合计50元。

藏品卡片上详细记载了该处收藏的文物基本状况，卡片上粘贴了文物的相片，其中有1987年7月25日巢湖鲁桥乡石狮村武开文上缴的青瓷碗、铜盘、青瓷钵、铜炭炉，这批文物出土于鲁桥当地发掘的古墓，卡上登记的时代是西晋元康八年；又有1980年12月巢县岠山乡农民挖土烧窑时出土的西周龙首纽直铜盉、1981年6月29日巢县散兵公社莲塘大队柳有存上缴的南北朝瓷钵、1984年4月巢湖黄麓公社山黄大队山郑村郑光五上缴的东晋青瓷虎子，以及1988年合肥城南宋代马绍庭墓出土的青白瓷碗，等等。张老板店里类似的卡片大概有一百张吧，当年的制卡人是程红、梅凌等工作人员。

在书市接着又闲逛了一会，确实没啥收获，遂骑车回家。路过长江路小东门的倪映典烈士纪念塔，停车随手拍了几张相片，在周围高大建筑的映衬下，这尊灰白质朴的小塔，显得寂寥而安详。

今天出摊的老板大概十家左右，不算多，曹老板他们几家据说要搬回花冲公园，计划在花冲公园负一层开设实体书店，估计不再回周谷堆摆地摊了，可能隐约预示着周谷堆书市日后的式微吧。

（2020 年 10 月 4 日）

初冬时节淘书记

今天是 12 月 20 日，时间过得真快，一转眼就到年底了。早上在淮河西路的面馆点了一份牛肉面，匆匆吃完，然后送儿子去学校踢球。小伙子今年上七年级，从三年级开始接触足球，先是在附近小学训练，不巧小学更换了校长，新校长主抓手球，校足球队被就地解散，鉴于儿子对足球的恋恋不舍，后经朋友介绍参加斯瓦福青少年足球俱乐部，每周日上午在海顿学校训练，不知不觉中也坚持好几年时间。

父子俩出门，初冬时节的合肥天气不错，一派蓝天白云。近来南方电力供应紧张，致使浙江义乌、湖南等多地拉闸限电，影响到民生供暖，客观上导致生态环境的好转，这可能也是最近好天气的原因之一吧。

有好几位旧书老板回到花冲公园经营书店，不再来周谷堆摆摊，对市场规模稍有影响，但书市总体人气还是不错的。抵达书市后，紧跟着汹涌的游客往前涌动，逐一搜索各家老板的书摊，看到感兴趣图书的就随手翻阅。

首先开张的是张老板家，在他的摊位上购买了两本七十年代的红宝书，其中一本的扉页有童乃寿先生签名，应该是他的旧藏，童先生安徽巢县人，是我的同乡，以绘画气势磅礴的黄山风景而闻名于安徽画坛。另外一本前页空白处有"合肥市郊区优胜公社照山大队"字样。

张老板的隔壁，就是小李老板的摊位，他们两家比邻而居。从

221

小李老板那里买了三本《文史资料选辑》，又购得的《红色档案90年记忆》《百年风雨创辉煌——巢湖市第一中学校史》。《巢湖市一中校史》由朱鹤年先生主编，一中是故乡巢县最让人敬仰的学府，前身源头可以追溯到雍正十二年（1734）成立的"巢湖书院"（又名"大书院"），由当时的巢县知县朱湛拨款捐资修建。有清一代巢县最著名的进士、文人、画家——杨欲仁，在辞官归里后曾经担任巢湖书院的院长，并且为书院撰写对联："凭山脊以为堂，士品宜从高处立；借湖光而作鉴，文风须向上游争"，横批为"人才渊薮"，杨欲仁在主讲巢湖书院期间，著书立说、广揽人才，推动了本地教育文化事业的发展。

王老板的摊位摆放着一函《金瓶梅词话》，繁体竖排，香港太平书局的版本，遂咨询书价，老板娘开价300元，我随口还价100元，正好王老板在身后，听到我还价，立马爽快地同意了。本意不太想买，我已经有了两套港版的《金》，不过既然开口了，也不好反悔，只得微信付款，把这厚厚的一套书收入囊中。

该书一函六册，依据旧藏于北京图书馆、现藏美国的万历刊本印制而成，书中的插图采用的是"崇祯本"木刻图，总体品相还不错。关于《金瓶梅》，我最初读的是刘心武评点的版本，可惜没耐心读完。老早之前曾读过台湾大学博士侯文咏的《没有神的所在：私房阅读〈金瓶梅〉》，以及格非老师的《雪隐鹭鸶——〈金瓶梅〉的声色与虚无》等学术著作，但是原著一直没有读完，希望后期能静下心来，认认真真地读一遍。

苗老板的摊位靠近市场的第二进，位置不太好，今天从他这里淘得几十份巢县老材料，时间跨度从五十年代一直到七十年代，包括柘皋、分路口、包坊、清涧等乡镇的各式单据、发票、聘请书、通知等，一番讨价还价，100元成交。这些家乡的老纸头已经不常见了，都是历史的见证，闲暇时争取能逐一整理。

从邵老板那里购买了两册《安庆文史资料》，八十年代的小册子，由安庆文史资料研究委员会、市修志办等机构编纂，保存了很多翔实可靠的地方史料。邵老板今天上的书蛮多，时间仓促，没来得及细看。

（作者在周谷堆淘书）

杜大姐的摊位靠近书市东侧，再往南就是古玩市场了，从她家淘得两册线装残书：《粤东笔记》卷二——卷十六、《皇朝道咸同光奏议》卷十七——卷十九。

《粤东笔记》署名绵州李调元（字雨村）辑，本书主要介绍广东的地理山川、人文物产，内容林林总总、包罗万象，卷二包括《梅岭》《五岭》《白云山》《罗浮》等篇幅，据说此书材料多采自屈大均的《广东新语》。

《皇朝道咸同光奏议》由秀水王延熙、王树敏编纂，这一残册囊括了彭玉麟、李鸿章、曾国藩、薛福成、刘坤一等晚清名宦的奏折，主要关于对外洋务交涉类，比如第一篇彭玉麟的《暗结暹罗袭取西贡疏 光绪九年十二月初十日》，是抗法援越战争期间彭玉麟写给朝廷的建议书，挺好的古籍标本。杜大姐摊位上还有厚厚一册的六十年代合肥政府文件合订本，索价200元，太贵了，果断放弃。

正在周谷堆市场逛得兴致盎然，儿子打电话说他已经下课，催促我赶紧去学校接他，于是依依不舍地离开书市，结束今天短暂愉悦的淘书时光。

（2020年12月）

岁末年关得好书

时间过得真快，一转眼就翻过2021年的篇章，悄无声息地来到2022年，还有两周，就要过壬寅虎年的春节了。

昨天张老板发微信，说要转让几个银圆给我，犹记得小时候，我们巢湖家乡的老人们称呼银圆为"洋钱"——顾名思义，估计是指由洋人铸造或者钱币上有洋人头像的缘故吧，正好最近天气不错，遂和张老板约着今天早上周谷堆市场见面交易，银圆这玩意最近几年疯涨，顶级精品的价格足足上涨了十倍，比炒市中心的学区房还厉害。

难得的冬日暖阳，照耀着世间万物，让人心情舒畅。在家吃了一碗小米粥，下楼出门，直奔周谷堆书市。

刚刚进入市场，抬头正好遇上张老板，他掏出一个软纸包递给我，打开一看正好是四枚洋钱，一个光绪江南辛丑龙洋、两个民国三年袁大头，外加一个十年袁大头，外观有小戳，品相一般般，价格算是公道。于是用左手中指平端起一枚，再用右手捏着另外一枚，轻轻地撞击左手中指挑着的这一枚，两枚银圆一经相碰，立马发出清脆悦耳、回味绵长的声音，再仔细察看边齿和币面包浆，确定没啥问题，验货完毕，遂纳入匣中，银货两讫，完成今天的第一笔交易。张老板是安庆人，年轻有为，从小就热爱文玩字画、瓷器钱币，一方面他是发自内心地喜欢，另一方面还能充分利用这个爱好赚钱，以藏养藏，真是一举两得，令人羡慕，他身上有很多传奇故事。

（淘得银圆 4 枚）

马上就到年关，整天都是忙忙碌碌的，最近都没得空过来赶集。另外就是家里积书太多，房间里到处堆放，夫人颇有微词，偶尔数落我几句，我咧嘴嘿嘿一笑予以化解。加上这么多书确实没时间细看，吾生有涯，所以一些普通图书我就不太想购买了。

到了市场之后，和相识的书店老板们纷纷打招呼，彼此寒暄几句，询问最近的生意情况。即便是抱着多看、少买的初衷，但是依然控制不住手，不知不觉淘得十几本书，把书包塞得满满当当的，方才心满意足地离开周谷堆，骑着电单车穿街走巷、心情舒畅地回家。

今天淘的仍然是以安徽地方文史图书为主，简单登记如下：

1.《张树声画传》10 元所购，张以永先生编绘。张树声最高官职做到两广总督、署理直隶总督兼北洋通商大臣，在淮军中的地位仅次于李鸿章，后病逝于广州，谥"靖达"，著名的"合肥四姐妹"就是其后人。全书以图画配文的形式，展现了张树声宦海浮沉、波澜壮阔的一生。

2.两册2018年的《江淮文史》7元钱。这本期刊总体学术水平很高，由安徽省政协文史资料委员会主办。本省还有《清明》《安徽史学》等杂志办得都挺不错，可惜我们安徽有影响力的期刊还是太少了，在全国很难排得上号，希望相关学者、学术机构多多加油努力。

3.在瞿老板的摊位挑选了三本书，分别是《东原文集》《徽州历代语文学家评传》《唐诗三百首详析》，合计30块钱，算是友情价了。瞿老板现在的书店叫"三友谷书社"，位于庐阳区长江中路和六安路交口，南北通透的一大间，书店内高悬名人字画，陈设得很整洁典雅。

去年曾和瞿老板等几位书友聚会，推杯换盏地小酌了几杯，席间听他聊开店创业往事，颇为艰辛不易。瞿老板是合肥城北三十岗人，老家离曹魏大将满宠所筑的"三国新城"不远，从二十世纪九十年代初开始，先是在三孝口长江路和人民巷交口摆书摊，至1997年在金寨路省教院对面开设"作家书屋"，期间又在明光路的东都大厦开设"艺海书刊发行社"，2002年在经开区教育学院新区开"聚贤书店"，2003年非典时期在庐江路口社保局附近开设"众评书店"，2005年在安农大官亭路开"中兴书店"——以期中兴书店事业，不料遭遇官亭路拆迁改造，投入重金装修的店铺含泪关闭，损失惨重，被迫迁移到勤劳巷开设"三友谷书社"。在明教寺东南的勤劳巷开店时间最久，前前后后经营了13年，直至2020年7月份，"三友谷书社"在长江中路的"长江和庭"重新开张落户。做生意开店真是不容易啊，颠沛不定，然瞿老板不改初心，令人敬佩。

瞿老板在勤劳巷开店的时候，我曾经光顾数次，每次都颇有收获，记得曾淘得广西师范大学出版社出的《东方历史评论》杂志若干册，素雅的白色封面，许知远主编，由张晓波、马勇、高全喜、沈志华、史景迁、孔飞力、李里峰、张宏杰等众多学者撰稿，读得非常过瘾；还淘得厚厚一大册的《安徽省志·文物志》，非常棒的实用工具书。当时的书店门面不大，上面是个二层小阁楼，店面隔壁散落着几家小饭馆，每到中午饭点，烟熏火燎得非常嘈杂热闹，书香伴随着饭菜香，滋润着世人的灵魂和躯体，这样一想倒也毫无违和感。

（作者在"三友谷书社"接受安徽电视台采访）

"三友谷书社"2020年搬到长江中路的时候，那天我下班正好路过店门口，见到瞿老板和他的千金瞿小姐在忙忙碌碌地搬书，还略感诧异，当即上前寒暄询问了几句。

瞿老板每周日固定来周谷堆市场摆摊，李老师、王大哥两位大佬经常坐在他的书摊后面，兴高采烈地聊天，一副其乐融融、欢乐开怀的模样。

今天从瞿老板摊位上淘的三本书都蛮好，其中戴震的这本《东原文集》很有史料价值，黄山书社精装本，合计十一卷，包含了《送巡抚毕公归西安序》《江慎修先生事略状》《段著东原年谱订补》等佳作。

《唐诗三百首详析》扉页有陈秉新的签名，遒劲有力，可知是先生的旧藏。陈先生（1935—2007）曾任安徽省文物考古研究所副所长、研究员，安徽大学兼职教授，是我省著名的考古学家、古文字学家。早年我在花冲市场淘得一些他的手稿，包括《南陵铜矿冶遗址发掘记录》《明中都皇故城奉天殿殿址试掘情况》《滁州市黄泥岗镇姚塘汉墓发掘报告》以及合肥三国新城、楚寿春城等地的考古报告，斯人已逝，手泽犹存。

4.在祥菊大姐的摊位上购买了2008和2012两个年度的《文献》季刊杂志，八册合计48元。大姐家的位置很好，位于书市的正中央，占地面积也大，只是上新的品种不多。上次在她家淘得一大堆安徽徽剧团八九十年代的材料，一定程度上反映了这种类型的文化机构，在当时历史背景下进行市场化转型的彷徨、局促、纠纷和探索，具备很浓烈的地方时代特色。

5.又买了《口述黄埔——安徽省黄埔同学以及其亲属采访录》5元，蛮好的一册安徽本地资料书；另外一本是《春风时雨——黄澍传》10元，作者吴兆民老师，黄山学院徽州文化研究中心副主任，传主黄澍先生是从徽州走出来的近现代书画大师，曾经执教屯溪一中、徽州师专等学校，争取抽空能认真翻阅。

6.从张老板店里淘得1953年吴醒亚《安徽省黄麓师范学校失业知识分子训练班结业鉴定书》，这本薄薄发黄的小册子花了80元。

众所周知，黄麓师范学校是爱国将领张治中先生二十世纪二三十年代创办的，学校位于巢湖市黄麓镇洪家疃村，数十年来为安徽培养了一大批教育人才，在江淮地区享有盛名，我们当年很多中学老师都是这个学校毕业的。

这位吴醒亚同学，和民国时期一位安徽民政厅厅长吴醒亚同名，是湖东县（今枞阳县）钱桥区宣庄乡人，通信住址安庆市西门外太平寺49号，妻子名叫房仲华，其幼年分别就读于当时的桐城县中心小学、桐城县私立孟侠初中（抗清烈士吴樾字"孟侠"）、桐城高中，1953年1月开始在黄麓师范学院学习了四五个月，学校给他的评语是"工作能力比较差，可任自然教员"，推测毕业后应该回原籍执教了。

　　在家庭及个人社会关系栏里，吴醒亚这样描述自己的父亲："反革命分子吴一寰，日本早稻田大学毕业，任过伪国民党党员、副团长等职，与方治（伪上海市市党部主委、伪安徽省教育厅厅长）同学之关系，在五反时间，偷税、漏税，畏罪潜逃，下落不详；方治逃到台湾"。后面还有几页简史，介绍个人情况颇为详细，说"家中有田20担种，房屋20余间，用高利贷手段剥削劳动人民……先后迁居湖东县汤家沟做生意，中日战争爆发，又迁回本县（桐城）开设大中华烟厂。抗战胜利后移居安庆西门外开设美华烟厂（同官僚资本合股），并做投资倒把生意"，可见其家族在当地政商各界有较强的社会影响力。小册子里还有一些鉴定、学习表现、小组意见等内容，兹不赘录。

　　　　　　　　　　　　　　　　　　（2022年1月16日）

附录　青葱岁月

巢北乡村少年日记两则

春节放假回老家过年，得闲翻阅少年时代写的日记，摘录整理其中的两篇，稍做删减，可略窥二三十年前巢北农事及婚嫁民俗。

1992年1月20日　星期一　晴

昨天上午出发去大舅家，一路上很顺利，只是路上没有三轮车子，原因是昨天不逢集（当年赵集农历逢二、四、七、九开集），只好依靠两条腿步行，我家离大舅家所在的山曹村有五六千米。本来想边走边等三轮车，然而一直没有等到，当走到赵集附近的时候，我们已经疲惫不堪，两条腿都好酸呦！我和大妹凤云还好，小妹凤霞可真受不了（当时小妹12岁）。但一定要坚持往前走，今天是小红表姐出嫁"挑东西"的黄道吉日，也就是送陪嫁物品到男方家，必须加快脚步，不能耽搁时间。到了山曹村口（现在山曹村隶属于栏杆镇），遇上前来迎接我们的表妹小三子。

表哥也回家了，他在巢湖六中念高中，聊了片刻，姐夫家所在的村子——山里夏村那帮亲戚们挑着稻箩来取嫁妆，由于人手不够，我也加入帮忙，照顾我刚刚经历了长途跋涉，分给我一份轻松的差事，就是推陪嫁的新自行车。

天气阴冷，一行人等或挑或抬，在爆竹声中向山里夏村的方向走去。路上不时有村人前来观看，看嫁妆是否丰厚。我推着自行车手冻得生疼，媒人提醒我，要我快点走，不必等他们，于是我跨上车子飞蹬向前。

　　我先赶到赵集，由于不认识路，只好等待大队伍的到来汇合，穿越过赵集街上，终于抵达山里夏村。这个村庄基本上都姓夏，比我们小汤村大不少，有楼有房有土墙，姐夫夏清家属于前者，二层楼八间屋子，很气派。农历腊月十六日是夏清和他大哥两人同时结婚的大喜日子，正应了"好事成双"的俗语，夏清爷爷还健在（奶奶是否在世我不太清楚），他父亲在赵集乡经委当干部，富裕小康之家。

　　照例是喝茶、吃饭，饭后和他们玩扑克，有几个女孩子喊表妹打牌，她欣然应允。

　　我是第二天"正日子"送亲的成员，所以要再折返回大舅家。于是傍晚独自走回山曹村，太阳已经落山，大地昏暗，我加快了脚步。

　　表哥下午已经回巢城了，他们学校周一要考试。

　　晚上我在大舅家，边看报纸边看他们大人打牌，小红表姐将我叫到一边，问我在山里夏村吃的饭菜是否丰盛，给了多少喜钱，等等，我一一回答，她听罢轻微怅然一声，可能对山曹家里恋恋不舍吧。临走时她非要给我十块钱，说以后念书买笔买纸用，我再三推辞，我知道这些钱来之不易，这十块钱，表姐她做瓦匠小工恐怕要用两三天的时间才能挣来。后来她坚决给我，我只好收下，内心很感谢小红表姐。

　　我去外婆家睡觉了，原计划凌晨两点钟，姐夫家他们就要来接亲。夜里正在似睡非睡，被妈妈叫醒，穿戴好衣服之后走去大舅家。二舅正和门外接亲的两个人对峙开玩笑，非要对方给香烟；当堂屋的饭菜准备好之后，才最终放接亲的进家来。然后我们几个送亲的家属吃了饭菜，准备出发，同去的只有我和另外一个青年是男的，其他都是大姐的表姐妹，互不相识，我一个人有些孤单。

　　新娘子终于要出门，大舅母已经放声大哭，小红姐亦泣不成声，她头上裹着红围巾，身穿红色滑雪衫，脚上是一双红鞋。她被她的一个哥哥背着，在爆竹声的引导下，向村外走去，背出村口的大坝桥后，就由她自己行走了。突然媒人说忘记带糕了，要我和一个女孩子回家去取，走到大坝桥，我听见大舅询问的声音，原来他一直目送我们离去的。我看见他一直坐在山墙边的石头上，独自抽烟，颇为依依不舍，可怜天下父母心。

是啊，哪个小孩子不都是父母心坎上的一块肉，抚养了二十多年，今天女儿出嫁了，确实也是别有一番滋味。

送亲的女孩子们和两个迎亲的一直在拌嘴，催促他们要多多燃放爆竹，我也不说话，专心地提着灯笼，在爆竹爆炸留下的硝烟中穿行，而她们依然不停地争论，其实她们也是在开玩笑。

抵达山里夏村，送亲完毕，后面就是吃茶、吃饭。下午时分，在山里夏村里也没啥事情，我就向大人们打过招呼，和小妹凤霞回小汤村去，大姐和夏清姐夫把我们送出村口。

这就是我第一次参加婚礼，感慨万千。想一想大舅和大舅母此时的心情，估计他们既高兴又伤感吧。

家里比较冷清，我趴在桌边写日记，凤霞忙着整理收集来的香烟纸，油灯昏暗，影影绰绰地照着整个屋子。

后注：当年巢北地区的婚嫁习俗，前一天按例是男方要去女方家"挑东西"，又叫作"讨东西"，就是男方家准备好猪肉、白酒、香烟、糯米、籼米等礼品，用稻箩挑着送给女方家；然后再用稻箩，把新娘子陪嫁的家电、服装、被单等日常物品，提前挑回男方家。

结婚当天自然是"正期"，是"正日子"，新婚夫妻举办婚礼仪式，大摆筵席，接受长辈家人亲戚朋友的祝贺。晚上村里的年轻人聚集闹洞房，其间新郎、新娘子要给叔伯弟兄们互相介绍，敬香烟、发喜糖。领头闹洞房的主持人喊"好"，一般都会大声喊"爆竹一放喜洋洋啊，我们今晚来闹房"，其他众人就应声喊"好"，主持人会乘机从头到脚，把新娘子夸赞一番，主要夸新娘子长相俊俏、贤惠人品好、勤劳持家等。有时候要闹到半夜，方才曲终人散、尽兴而归。

第二天俗称是"接女客"，就是男方邀请岳母以及新娘子家的婶妈、舅妈、姨妈等女眷，来家中做客。

第三天新女婿和姑娘"回门"，回娘家看望父母，少不了一大家子聚在一起，觥筹交错，热闹一番。

讲究的人家，还有第四天"接男客"，也就是邀请岳父、新娘的叔父、舅父、姨父等男性长辈，再来到男方家聚聚，摆上一席，举杯畅饮，联谊情感。巢北人情质朴，酒风炽烈，婚丧嫁娶，皆以酒助兴。

时过境迁，如今的婚礼习俗就简单多了，预订一个大酒店，一天时间，全部搞定，也是移风易俗、与时俱进，蛮好蛮好。

1992年2月17日　星期一　晴

春光明媚，万物生长。看着村里别人家的油菜猛长，而我家的油菜长势迟迟没有起色，妈姨（妈妈）心急如焚，昨天她从大舅家一回来，就安排我们要挑大粪浇油菜。

上午妈姨去苏湾街上买了几十斤尿素，回到家让我和凤霞陪同她一块去田里，而大妹凤云则留在家里洗衣做饭。我和小妹凤霞的任务，就是等妈姨把粪从村里的厕所挑到田里后，再用尿碗舀着浇在油菜上。

不得不忍着刺鼻的臭味，小心翼翼地把粪便浇到油菜根部，还要防止粪便沾到身上。唉，有什么法子呢。

妈姨算了一下经济账，倘若今年有个好收成，预计收获四百斤油菜籽，可以卖到二百多块钱，除去化肥、农药（除草剂）之类成本，最终可以结余一百多块。辛辛苦苦，就是这么多的报酬，那么远的路，一担粪一担粪地挑来田间，除草、栽苗，还有其他费用开支，农民可真是辛苦啊。

今天好热，明显感觉到春天姗姗来临，我们在田里忙碌一整个下午，当日落西山、明月高悬时，方才回家。又从村头的水井挑了两担水，把我压得满头大汗。

今天虽然辛苦，比起去年夏天锄棉花可算是小巫见大巫，当时正值盛夏，又连续干旱了多日，人也很困乏，但是为了让烈日尽快把锄下来的野草晒死，不得不顶着炎炎烈日下田锄地。犹记得汗水顺着脸颊，一个劲地向下流淌，衣衫尽湿，那滋味可真不好受。收工回到家，用诗人叶延滨的诗来形容："乡亲们最好的享受，就是美美地睡一觉"，连写日记的力气仿佛都没有了。

明天是元宵节，我们家乡俗称过小年，马上就要出月半了。

（原刊于 2020 年 3 月 4 日"最忆是巢州"公众号）

《心海微澜》的写作经过

小时候虽然生长在巢北乡下，条件艰苦，没书可读，精神生活善法可陈，但日常生活中还是不缺乏文化氛围的，比如我家老爹爹会一边眯着小酒，一边给我们讲评书故事，什么桃园三结义、三打祝家庄诸如此类。他老人家年轻时天天待在界墩集上听大鼓书，加上一辈子走南闯北，见多识广，积累了诸多素材，每逢酒酣耳热之际，给我们几个围在他身旁的小伙伴们讲古（巢湖话叫"刮山经"），总是一副滔滔不绝的样子，把那些儿女情长、英雄气短的历史传说演绎得跌宕起伏，颇能引人入胜。

我童年时代基本上都泡在山曹村外婆家，山曹村位于浮槎山东麓，山脚下的大水库终年波光粼粼，是个钟灵毓秀、人才辈出的古老村庄，外婆家又是个大家族，长辈亲戚们聚在一起，免不了谈天说地、谈古论今。那时候和红军表哥、东风表弟经常在村里嬉戏游荡，村中幽静的小巷、古朴的祠堂（山曹小学），都给我留下深刻的印象，平时和老表们阅读各种课外图书，交流分享，这种耳濡目染，都给予年幼的我非常温润的文学滋养。

1992年我在苏湾中学念初三，为了提高作文水平，每天坚持记日记，偶尔写点小短文练练手。那时候学校订阅了不少报纸杂志，供给师生们阅读，其中淮南《少年之友报》经常刊登学生的习作，于是尝试着给报社投稿，没想到居然刊发了处女作《心海微澜》，并且得到7块钱的稿费，在班级引起小小的轰动，我是既激动又兴奋。青少年时期由于求学和工作，居所不定，但这份泛黄的报纸一直悉心珍藏着。

　　九十年代汪国真的诗文风靡大江南北，当年我从苏湾镇上新华书店购得一本他的书细心揣摩，这首散文诗《心海微澜》有模仿汪先生的痕迹，虽是稚嫩，充斥着少年人特有的无病呻吟，对我而言还是非常有意义。

（当年的《少年之友报》书影）

心海微澜

　　学会珍惜，不要等失去之后才感到要学会珍惜。

　　我们早就应该学会珍惜。珍惜每一缕阳光，珍惜每一寸土地，珍惜每一丝温馨、每一片爱心。

　　在珍惜中，你会发现拥有许多。

　　在珍惜中，它们将永远伴随着你，因为你珍惜它们。

成功的失败

　　你失败了，失败了许多次许多次，败得很惨、很惨。

　　而我要说，你是成功的，至少你是勇敢的，你的勇敢就在于你失败了多次之后还要坚持。

　　在人生之路上，你一马当先，冲了过来，一路虽洒下无数失败，但你并没有由此而气馁，而是继续扬鞭疾驰。

没有人了解你的经历，只有那一串串失败，清晰记载着你成长的足迹。

你也许还会失败。你渴望成功，但你却从不惧怕失败，你要在失败中磨炼自己。

你说你追求的不仅是单纯的成功，更重要的是成功前那段刻骨铭心的失败。

经过失败洗礼的成功，才是成熟了的成功。

放弃

轻易放弃是一种罪过，是最令人遗憾的遗憾，是一场本该上演成功却以失败告终的悲剧。

你若放弃时间，时间也将放弃你；你若放弃希望，希望也将放弃你；你若放弃对别人的爱心，你也终将失去别人对你的爱心。

然而，没有学会放弃的人，则终将不属于他自己，他将永远奔波于忙碌之中。他不想放弃任何东西，但他忘记了，忘记了生活的斑斓、韶华的绚丽。他忘记了如何去抉择。

当他终于挤出一点时间，去回首往事时，才倏然发现，自己已经放弃了许多、许多……

（原刊于 1992 年 4 月 24 日《少年之友报》）

校刊上发表的两篇小文

1993年几经辗转我考取中专，幸运地被芜湖机械学校录取，当年叫四年制公费统招生，在那个时代是件很值得自豪的大喜事。9月11日学校开学，三舅傅承鹏先生带领着我，扛着书包行李告别家人，乘坐班车离开故乡的小镇，从江北一路跋山涉水——山是太湖山、水是长江水，顺利抵达江南芜湖。

学校坐落在吉和街26号、天主教堂南侧的雨耕山上，最早是天主教会出资创办的，原名叫芜湖私立内思高级工业职业学校，1934年由西班牙修士蒲庐设计并监造，曾经是芜湖最大的私立教会学校。校园面临大江，依山而建，典型的欧式建筑风格，校舍使用钢筋混凝土浇筑，兼用徽派马头墙式样，中西合璧，气派非凡。学校大礼堂和我们俗称的校长楼——英驻芜领事官邸旧址，于2013年被国务院公布为全国重点文物保护单位。

母校历经八十余年的风风雨雨，校名屡次更迭，民国时期叫"内思高工"，至1951年学校和天主教会分离，在原址建立芜湖工业学校，后改称芜湖电力学校、一机部芜湖电校、安徽机电学院等；1986年又恢复芜湖机械学校，安徽机电学院则迁往城东神山口；2003年再次升格为安徽机电职业技术学院，随后于2011年整体搬迁到南部大学城，而我们念兹在兹的母校则被改造成雨耕山文化产业园。

（沐浴着秋日的暖阳，身后是学校气派敞亮的西洋建筑）

从乡下初涉城市，芜湖的时尚繁华让我这样的毛头小子艳羡不已，徜徉在这古典大气的校园里，丰富多彩的社团活动令我们如沐春风，和巢北的乡下初中简直不可同日而语。只不过我读的专业叫"工业企业电气化"，很枯燥的理工科课程，实在是和我的个人兴趣大相径庭。好在我还有点先见之明，知道中专学历很难应对未来的职业生涯，于是从1994年开始参加自学考试，报考安徽师范大学的汉语言文学专业，兜兜转转、咬紧牙关，前后花费了五六年时间，方才把二十多门课程考完，顺利本科毕业并且获得学士学位。

在芜湖念书期间，阴差阳错的原因，我居然没能加入学校的"扬帆文学社"，当年作为一名文艺小青年，多少应该是有点遗憾的吧。我偶尔也会给校刊、校广播站投稿，只是过于疏懒，写得不多，投得更少，校刊也曾有刊发，现收录整理其中的两篇小文《城市上空的鸽子》《读江》，以缅怀在江城度过的四年美好青春时光。

城市上空的鸽子

用唯一不变的飞行姿态，在江边的高楼与高楼之间不停穿梭，跌宕起伏成一幅寂寞深沉的风景画。黄昏时分，鸽哨在风中轻轻呜咽，让所有伫立在窗前的人们都举目观望、远眺。

已经是无数次这样了，鸽子们盘桓、徘徊在这一片狭小的空间里，偶尔也在地面蹦蹦跳跳、低头觅食。暮色低垂，飞翔的鸽群，你们是否已经寻觅到自己的家？那些安装在楼檐下的木阁笼子，不是你们的家，它们充其量只能算是你们的巢，温暖且又冰冷的巢吧。

一场不大不小的雨刚刚停止，乍寒还暖时节，秋天的氛围一下子凝重了很多。校园里高大的梧桐树不断地飘落枯黄的叶子，整个江城笼罩在灰蒙蒙的雾霭之中，沉闷、单调、乏味，只有这群上下翻飞的鸽子，给城市的上空点缀出一线生机。

鸽群灵活摇曳的身影，在视野中时隐时现，它们从一个角落滑翔到另外一个角落，仿佛生存的意义就是为了感受这份雨后的静谧。

天空依然一片灰暗，铅沉的云朵疲倦地缓缓向西流动着。秋风涌动，不停地突破几株稀疏大树的防线，用飘飘洒洒的落叶，证明着自己的存在。

暮色愈加苍茫，鸽群孤寂地划出一道道弧线。终于，它们结束了相互追逐的游戏，当夜幕最终沉淀下来，鸽群已经消失在低空。风中，已经不再有鸽哨的响声。

黑暗终于如秋水一般漫过整个校园，万籁俱寂。夜，开始了它的铁幕统治。

（落日余晖，大江东去。张子亮同学所摄）

读江
从遥远的荒洪中走来
千万年了
江用它的乳液
滋润两岸无数生灵

就是那条江吗
人类从蒙昧中苏醒过来
用感激的目光
注视着这条母亲河
当青藏高原上最初的一滴雪水
义无反顾地奔向大海
江在孕育丰茂生命的同时
也在开辟着自己崭新的生命
两岸的青山终于不再寂寞
江涛怒拍
无数时光逝水而去

就是那条江吗

八千江东子弟

终于没有凯旋

当汉家的旗帜

在夕阳下织成一片绚丽彩霞

乌江边的孤舟长篙、茂密蒿草

遮不住项王忧郁的目光

所有的烽烟和悲壮

都随风散尽

只有那匹乌骓骏马

时时跳跃在

怀旧诗人的酒杯和梦里

就是那条江吗

周郎暗解的香囊

已化为江边古塔檐下的风铃

响彻无数个不眠之夜

白衣猎猎飞舞的风流人物

焚毁了盖世英雄一统江湖的美梦

被烈火照红的江水里

浸透了无数将士们的鲜血

而千里之外的北方

母亲思子之泪

业已潸然成河

　　　　成江

江州司马的青衫

终也湿尽
千年风尘岁月之后
那浔阳江头的琵琶声
是否还在呜咽?
失意的人们
在线装古书里
铭刻了太多的离辞别赋
被逐渐褪色的记忆
漂洗得泛白

就是这条江吗
偏安的后主们
在江的庇荫下
弹唱着最后一曲《后庭》
而当江水汹涌而去
锁在深宫的君王
面对垂发旧枝的桐花
只有黯然伤感昨日犹在的雕栏
　　　　　　和今天似水的春愁

就是那条江吗
那行吟泽畔、前路漫漫的三闾大夫
那放舟千里、蜀道之难的谪仙太白
那身携吴钩、栏杆拍遍的豪放稼轩
那六州歌头、长淮望断的于湖居士
都把自己百转千回的满腔思绪
埋葬在滚滚向东的浪花里
而江喧嚣又平静地远去

任历史的尘埃在身后飞扬
任辉煌与平淡在风中飘落
任时光的隧道把过去与未来相连

面对着江
我的心潮一如江风猎猎
江的目光深邃地穿过我浅薄的年轮
用一种安详的声音
把它的内心缓缓轻诉
目睹了中国单薄五千年历史的江
已无法把那些传说和故事
一一叙说
而我依然能感觉到
在江淡泊的外衣下面
那颗灼热的心
依然激越

没有谁能比江更了解
一个民族几千年来的兴衰
没有谁能比江更多地了解
那些不平凡的人和平凡的人
在江的面前
所有的哲人都要深思
所有的博学之士都要自惭
所有的高耸都变得低矮
所有的伟大都变得渺小
江睿智的头脑里
一任兴奋　悲伤　激动　哀婉

如潮翻滚

与江的对白

我无法破译最简单的一章

我只有选择缄默

作为自己生存的背景

当江边响彻起一股

源于远古的声音

在激起的汹涌波涛中

昭示着一个民族最深沉的韵律

　　　和最嘹亮的呐喊

（"扬帆"校刊书影）

《异乡，那九百九十九级石梯》的写作心路

1995年我在芜湖上学，写了这篇《异乡，那九百九十九级石梯》，刊发在当年6月份的《中专生》杂志上。敝帚自珍，从小我就有敬惜字纸的习惯，学生时代的一些教材、课外书、作业本、日记本至今存放在家中，发表的几篇小文章更是珍若拱璧，一直悉心保留在身边。

我们念书时的学业压力不大，所学的"工业企业电气化"专业我确实不感兴趣，但日常的各种考试基本上都能顺利通过，课余的主要时间，就是参加自学考试，以期提升学历，提早应对毕业后的社会竞争。除了学习、踢球之外，经常和子亮、老侯、梁子等同学结伴去江边散步，上了高年级后，偶尔会在校门口的无为小饭店烟熏火燎地炒几个菜，啤酒也行、白酒也罢，和弟兄们推杯换盏地小酌两杯，虽醉不成欢，却也慷慨激昂。

从学校出了大门就是吉和街，再穿过古香古色的徽派建筑老街"利济巷"（据说是李鸿章长子李经方家族的产业），就抵达江边。而发源于黄山山脉的青弋江，一路逶迤向北，流经石台、太平、泾县、南陵等地，在芜湖城区的宝塔根注入滚滚长江。两江交汇处的巍巍中江古塔，始建于明万历时期，已经矗立江畔数百年，每当黄昏落日时分，大江开阔，浪涛拍岸，云蒸霞蔚，雄浑壮观，这一片风景绝佳的好去处，就是同学们经常来嬉戏游玩的地方。

那时候念中专还有包分配这一说，但大中专毕业生已逐步开始就业双向选择，不出意外的话，我们这帮同学都是要进国企工厂当

技术员的，当时很多地方国企已经深陷困境，经济效益严重下滑，进工厂上班显然不是我所希望的，以至于内心颇为彷徨。这时期所写的日记、文章，都弥漫着类似的苦闷情绪，一方面想积极行动、刻苦学习，提升自己，不断向上攀爬，另一方面，对未来的工作生活、对自己的前景略感迷茫。加上远离家人，思乡之情在所难免，难以排遣的几种悲观思想，无序地淤积、交织在一起，都在这篇小文章里影影绰绰地有所显现。

当时台湾歌手邰正宵以俊朗、优雅的形象风靡整个华语歌坛，他的那首《九百九十九朵玫瑰》在校园里广为传唱，有一年学校组织歌唱比赛，我以这首歌参加，居然获得了三等奖，所以对这首歌曲特别的记忆深刻，而这篇小文的标题，相当于是借鉴了这首歌的歌名。

绝大多数人在青少年时代，可能都有一些多愁善感吧，有点"为赋新词强说愁"的况味。如今人到中年，再转身回顾曾经走过的路，自然是觉得那时候真是幼稚不堪，但这一切都是真实存在过的、是我们年少时内心真实的写照，是每个人无怨无悔的青春，正如东坡居士所描写的那样："回首向来萧瑟处，归去，也无风雨也无晴"。

> 异乡，那九百九十九级石梯
> 我远离了故乡那片熟悉的风景。
> 我辗转在异乡的风尘里。
> 在异乡空旷而寂寥的世界里，我为自己，为自己流浪的梦想和坎坷的命运，架设了一条据说能到达光辉境界的九百九十九级石梯。
> 然后，我把父母的希冀和自己贫血的梦想一件一件地收拾起来，轻轻地放进行囊。我要沿着那曲折的石梯向上爬，我要努力地去测量人生坐标的真实高度。

也有疲倦的时候。

于是在一个残阳如血的黄昏，我踽踽独行在那片芳草萋萋的河滩上。那时候夕阳正悲壮地燃烧着，河对岸的田野里，庄稼已经收割完毕，世界显得异样广袤和辽阔。有一户人家的茅屋上面炊烟袅袅，我可以想象出那种幸福和宁静。

我想回家，想看看那被淡淡暮霭所笼罩着的家。

可我不能回去。闭上眼，仰面躺在这块绿茵地上，眼前浮现的是那些重重叠叠的石梯。我听见那些无法挽留的年华，如流水般逝去时发出的沉重如磐的叹息声。

只有重新回到城市，走在陌生的街道上，我看到俗世间的人们熙熙攘攘，咖啡厅在灯光的包装下闪烁着动人的诱惑，音响里传出缠绵悱恻的情歌却无法掩饰本质上的苍白。但我没有选择，我必须努力地去寻找梦中的伊甸园。

夜色终于降临，坐在校园偏僻一角，抬头看了看在城市里难得看到的星星，我不知道它们是否能像郑智化歌中所唱的那样，能"为我点燃希望的灯火"。

我不想理会那些远在天涯的引诱和近在咫尺的风花雪月，我想起那些矗立在异乡的石梯。

拍拍身上的灰尘，洗去满脸的倦容，我提起那曾经放下的行囊。

也许路漫漫真的很远，但我必须尝试着去上下求索一番。

尘世中所有的浮华都是一种虚伪的装潢，只有屹立在心中的九百九十九级石梯依然真切。

我要走了。

红尘依然有梦，青春依旧无悔。

略论苏轼在黄州的文学创作

引 子

1993年我来到风景秀美的江城芜湖念书，所读的专业叫"工业企业电气化"，和我的个人兴趣爱好相距甚远。于是从1994年下半年开始，报名参加安徽师范大学主考的"汉语言文学"专业自学考试。犹记得当年考过的第一门课程叫《现代汉语》，随后又用了五年时间，凭借着年轻人特有的毅力，通过《古代汉语》《中国古代文学史》《中国现代文学史》《语言学概论》《美学》《莎士比亚研究》《英语》等二十门课程的考试，在1999年完成论文答辩，本科顺利毕业并获得文学学士学位。

所谓"自考"，就是考生到当地的自考办公室报名，然后购买相关教材，自己在家自学，到时候再去指定的考场参加考试，和主考学校的老师几无接触。只有进入毕业论文写作阶段，才会见到指导老师，才能当面聆听老师的教导，才真正对主考学校产生归属感。

根据当年日记所载，1999年7月2日，我从合肥出发抵达芜湖安师大赭山校园，入住师大招待所。次日论文辅导班正式开班上课，上午由文学院院长朱良志致辞并授课，下午的主讲老师是德高望重的胡叔和教授。两位先生学识渊博，高山仰止，景行行止，让我等后生小子如沐春风，由衷地敬佩。随后进行论文选题，面对一大堆眼花缭乱的题目，我最终选择的是《略论苏轼在黄州的文学创作》，由张智华先生担任论文指导老师。

7月4日张智华老师召集相关同学，教导我们论文撰写过程中的程序、要点、技巧等，受益匪浅。当时我供职于合肥安徽佳通轮胎公司工程部，自芜湖返回合肥后，工作之余，从安徽省图书馆办理借书证，依据张老师的要求，把有关苏轼的书籍搜罗若干，囫囵吞枣地阅读、记录，积累相关写作素材。后又用了两个多月的时间，把论文初稿撰写完毕，认真誊抄在稿纸上邮寄给张智华老师，张老师审核后给我来信，指正文章的不足并提出修改意见。张老师当时正在北京师范大学读博，学业繁忙，还事无巨细地指导我们这些考生，师大学风严谨醇厚，由此可见一斑。

转眼间到了10月16日，同学们再次返回赭山校园，参加论文答辩。主持老师先是介绍答辩过程中的注意事项，然后考生们逐一上台，作三分钟论文简介陈述。后由指导老师提出两个具体论题，同学们在教室准备半个小时之后，再上台自由发言十分钟，同时接受答辩老师们的具体询问。

张智华老师安排给我的两个考题分别是："1. 苏轼在黄州时期的心态，与他在雷州半岛（海南岛）时期的心态，有哪些共同点？有哪些不同点？2. 苏轼作品旷达的精神实质是什么？"在论文自由发言环节，由于前期准备得较为充分，我心里有底，和老师们沟通起来颇为从容，基本上做到对答如流，答辩的老师们对我比较满意，交流过程中给予我很多的鼓励和赞许，我的论文也最终荣获本小组唯一的"优秀"。

很幸运选择苏轼作为毕业论文的研究对象。在随后几十年的工作生活当中，东坡先生那种"小舟从此逝，江海寄余生"的旷达洒脱，以及"竹杖芒鞋轻胜马，谁怕？一蓑烟雨任平生"的乐观豪迈，都给予我潜移默化的影响，滋润我贫瘠荒芜的精神家园。特别是遭遇挫折困厄之时，东坡先生博大精深、海纳百川的浩瀚思想境界，更是不断激励我、鞭策我，促使我成长、前行，让我坦然面对人生中的风雨雷鸣，即便历经岁月沧桑，依然不坠青云之志，不改赤子之心。

由于苏轼和王安石在变法的途径和方式上存在着较大的分歧，致使其受到隶属于"新党"派系官僚们的轮番攻击。宋神宗元丰二年（1079），御史中丞李定、御史舒亶、何正臣、国子博士李宜之等人摭拾苏轼诗文表章中语，弹劾苏轼攻击新法、诽谤朝廷，七月二十八日将苏轼从湖州任上拘捕押解至京师，八月十八日入狱。后经苏辙、张方平、王安礼、章惇甚至太皇太后曹氏等亲友多方营救求情，下狱103日的苏轼方才脱险，贬官黄州团练副使，"本州安置，不得签书公事"，这一事件就是北宋历史上著名的"乌台诗案"（乌台即御史台，因其上植柏树，终年栖息乌鸦，故称乌台）。

经此变故，对于一心想在仕途上有所发展的苏轼来说，打击可谓沉重矣，其心情灰暗到极点，在写给弟弟苏辙的诗里，他这样来描述："是处青山可埋骨，他年夜雨独伤神。与君世世为兄弟，更结人间未了因。"（《予以事系御史台狱，狱吏稍见侵，自度不能堪死狱中，不得一别子由，故作二诗授狱卒梁成，以遗子由》），相当于是一篇交代后事的遗嘱了。

在黄州四年多的时间里，苏轼实际政治地位形同软禁的囚犯，他虽表示"平生文字为吾累，此去声名不厌低。"（《十二月二十八日，蒙恩责授检校水部员外郎黄州团练副使，复用前韵二首》），但事实上苏轼不仅没有缄口搁笔，反而在逆境中激起巨大的创作热情，撰写了三百多首脍炙人口的作品，形成他一生中的创作高峰。下面我将结合苏轼在黄州的具体生活经历，从作品的思想内涵以及作品的题材方面简要分析他这一时期的作品。

一

　　贬官黄州，对苏轼确实是一次很沉重的打击，特别是一百多天的监牢生涯，令苏轼回想起来仍心有余悸，所以，在作品中用隐晦的手法表现当时的社会处境和复杂的思想感情，就成为这一时期苏轼在创作上的重要特征。如在《卜算子·缺月挂疏桐》中，作者借"孤鸿"形象，含蓄婉转地表达了他当时在政治上的苦闷和失意。作品中渲染的那种凄冷、寂寥的氛围，正是苏轼当时所处社会环境的真实写照，而作品中"拣尽寒枝不肯栖"一句，语含双关，反映出作者不愿苟合世俗的高贵品质。这种历经磨难而初衷不改，依然保持自己本色的高尚情操，正是苏轼一生所坚持的做人准则。

　　在接下来的几首诗词中，作者借助自然界里不为人所注目的草木形象，来寄托他抑郁寂寞的情怀，如《寓居定惠之东，杂花满山，有海棠一株，土人不知贵也》，作者写道："江城地瘴蕃草木，只有名花苦幽独。嫣然一笑竹篱间，桃李漫山总粗俗。也知造物有深意，故遣佳人在空谷……雨中有泪亦凄怆，月下无人更清淑。先生食饱无一事，散步逍遥自扪腹。不问人家与僧舍，拄杖敲门看修竹。忽逢绝艳照衰朽，叹息无言揩病目……天涯流落俱可念，为饮一樽歌此曲。明朝酒醒还独来，雪落纷纷那忍触。"全诗寓情于物、因物寄概。通过独处幽谷的海棠与满山粗俗鄙陋的"桃李"相对比，更衬托出海棠的高雅、清淑的品格。而这"人不知贵"的海棠形象，正是苏轼沦落天涯、不为世重的自我真实写照。

　　同样，诗人也从品行高洁的梅花身上看到自己的身影，如"何人把酒慰深幽，开自无聊落更愁。"（《梅花二首》）"江头千树春欲暗，竹外一枝斜更好。"（《和秦太虚梅花》）以及《红梅三首 其一》"故作小红桃杏色，尚余孤瘦雪霜姿。寒心未肯随春态，酒晕无端上玉肌。"诗人分别从不同的角度，再三吟咏梅花，清晰地阐述了出自己无辜遭贬的复杂心情。

二

面对谪居黄州时艰苦的生活条件和恶劣的政治环境，苏轼并没有消沉下去，而是继续保持乐观、豁达的精神状态，这和苏轼一贯的思想紧密相关。苏轼从青少年起，就树立强烈的政治抱负。"奋厉有当世志"（苏辙《东坡先生墓志铭》），一直抱有积极的出世精神，希望在政治上有所作为，同时道家和佛家的某些理论，也对他产生深刻的影响，特别是在政治上失意的时候。

被贬黄州后，为排遣内心的孤寂，苏轼更是大量接触佛家经典，主动学习禅宗思想，从而使他的胸襟变得更加宽阔，在逆境中保持一种看穿忧患、旷达自得的心态。居黄时期，苏轼将佛禅融入自己的创作，其作品中不断流露出这种超越旷达、任具自然的情怀。如《定风波》曰："三月七日，沙湖道中遇雨，雨具先去，同行皆狼狈，余独不觉。已而遂晴，故作此词。莫听穿林打叶声，何妨吟啸且徐行。竹杖芒鞋轻胜马，谁怕？一蓑烟雨任平生。料峭春风吹酒醒，微冷，山头斜照却相迎。回首向来萧瑟处，归去，也无风雨也无晴。"词中的"一蓑烟雨任平生"和"也无风雨也无晴"不仅表达作者对自然界的风雨的态度，更是诗人对待人生挫折时的豪迈情怀，它充分显示了诗人那种任具自然，随缘自娱的乐观精神。

而在《浣溪沙·游蕲水清泉寺》中诗人写道："谁道人生无再少，门前流水尚能西！休将白发唱黄鸡。"虽待罪黄州，苏轼不以忧患为怀，一反伤时叹老的调子，面对着春机盎然的大自然景色，诗人心中再次萌发向上的激情，他勉励自己要振作起来，既然门前的流水自东至西，人生难道不可以再返回年轻时光吗！在《西江月·照野弥弥浅浪》中，作者在小序中写道："顷在黄州，春夜行蕲水，过酒家饮。酒醉，乘月至一溪桥上，解鞍曲肱，醉卧少休。及觉已晓，乱山攒拥，流水锵然，疑非尘世也。""一切景语皆情语"（王国维），苏轼正是通过对这种清澈幽静的景物的描写，生动地表现出他自己坦荡、洒脱、宁静的内心世界。

这些形式清新活泼、内容健康向上的作品，很难看出其作者居然是一位在政治上饱受打击的流放者、失意者，作品中展现的这种积极进取精神，正是苏轼留给后人最为珍贵的文学遗产和处世之道。

三

作为一名怀着"胸中万卷，致君尧舜，此事何难？"（《沁园春·赴密州早行马上寄子由》）政治理想的封建士大夫，即使是待罪黄州，苏轼依然没有停止对现实世界的关注，隐藏在内心深处的"尊主泽民""经世济民"的理想时时泛起，"愿为穿云鹘，莫作将雏鸭"（《岐亭五首》），正反映出这种身处逆境而不甘沦落的心态，当他听到鄜延路经略安抚副使种谔率军九万，由绥德城出兵，北攻驻扎在米脂寨的西夏军，并且设伏于无定河，"断其收尾，大破之"消息后，苏轼欢欣鼓舞地写下两篇诗祝捷。"闻说官军取乞闾，将军旗鼓捷如神。故知无定河边柳，得共中原雪絮春。"（《闻捷》）诗人以轻快的笔调，欢呼边地草木同中原共同迎接早临的春天，表达了诗人的喜悦之情。而另一篇七律《闻洮西捷报》中，苏轼在回顾这次大捷的最后，用"放臣不见天颜喜，但惊草木回春容"表示自己虽被放逐远郡，见不到皇帝的龙颜大悦，但目睹周围草木生机盎然的春色，自己的精神状态也为之振奋，表达了作者的强烈爱国主义情感。

另一方面，面对着滚滚而逝、浩浩荡荡的江水，以及由乱石、惊涛、雪浪组成的赤壁奇景，苏轼手握如椽巨笔，用空前绝后的气概和艺术魅力写下了《念奴娇·赤壁怀古》。作品先是对雄奇壮阔的赤壁古战场作了充分的描述，为英雄人物周瑜出场作了全面充分的铺垫，然后通过对周瑜形象的不同方位的描写，层层递进、娓娓道来，塑造出一个年轻英俊、从容儒雅、雄才大略、指挥若定、谈笑之间，即将曹军万艘战舰化为灰烬的英雄形象。东吴大都督周瑜形象的刻画，抒发了诗人意欲报国建功的雄心壮志，寄托了他建立功业、振兴国势的热切渴望。全词气势如虹、一气呵成，"一洗绮罗香泽之态"（胡演语），开拓了词的新境界，成为豪放词派的代表作品。

关于这首词，宋人俞文豹在其所著的《吹剑续录》中描述了这样一个著名的典故，说苏轼在玉堂日，问善歌者："我词何如柳七？"对方答曰："柳郎中词，只合十七八女郎，执红牙板，歌'杨柳岸、晓风残月'；学士词，须关西大汉，铜琵琶，铁绰板，唱'大江东去'"。

四

苏轼生性豪爽，素喜交友，也有许多志同道合的朋友，但是在黄州期间，他的内心是寂寞的。在写给友人的信中可以看到他当时的生活状态："得罪以来，深自闭塞，扁舟草履，放浪山水间，与樵渔杂处，往往为醉人所推骂，辄自喜渐不为人识。平生亲友，无一字见及，有书与之亦不答，自幸庶几免矣"（《答李端叔书》），而此时与苏轼交往最密的是陈慥。

陈慥，字季常，四川眉州人，晚年隐于黄州歧亭，饱参禅学。元丰四年（1081）春，苏轼前往崎亭造访陈慥，几位朋友前来送行，诗人提笔写下一首《正月二十日往岐亭，郡人潘、古、郭三人送余于女王城东禅庄院》，其诗曰："十日春寒不出门，不知江柳已摇村。稍闻决决流冰谷，尽放青青没烧痕。数亩荒园留我住，半瓶浊酒待君温。去年今日关山路，细雨梅花正断魂。"

到了第二年的这个时候，苏轼想起这首诗，于是次韵自和一首《正月二十日与潘、郭二生出郊寻春，忽记去年是日同至女王城作诗，乃和前韵》曰："东风未肯入东门，走马还寻去岁村。人似秋鸿来有信，事如春梦了无痕。江城白酒三杯酽，野老苍颜一笑温。已约年年为此会，故人不用赋招魂。"

而到了第三年时，诗人独自外出寻春，又写下一首《六年正月二十日，复出东门仍用前韵》曰："乱山环合水侵门，身在淮南尽处村。五亩渐成终老计，九重新扫旧巢痕。岂惟见惯沙鸥熟，已觉来多钓石温。长与东风约今日，暗香先返玉梅魂。"

这三首诗都在一定程度上体现了苏轼质朴平淡而丰润自然的特点。第一首诗中，诗人先是描述了早春的野外景色，而在接下来的两联里，诗人借去年春天到黄州途中所见到的"细雨梅花"和今年的"荒原浊酒"相对比，抒发了岁月匆匆，年华虚度的感慨。

在第二首诗中，作品虽不以写景见长，但展现的艺术形象却生动鲜明。首句点明已是初春而天气尚寒，用拟人手法说东风不肯入城，显得颇为有趣。领联说朋友相逢，忆及旧游，用"秋鸿"和"春梦"两个比喻，形象地展现出诗人内心的思绪和体会到的哲理，对仗工整而寓意深刻。颈联描写了朋友相聚时开怀畅饮的情景，着墨不多却充满情趣。

而在第三首诗里，诗人先是说自己谪居日久，"日以困匮，故人马正卿哀余乏食"，于是为苏轼"请故营地数十亩"让其开垦播种——以至于苏轼开始自称"东坡居士"，长期的农耕辛劳，诗人对这种艰苦的生活早已习惯，并且产生了"终老之计"，可最后的"长与"二句，依然隐隐透露出苏轼渴望有朝一日返回朝廷的愿望。这三首诗虽写作时间不同，但其思想内容和所反映的感情却又彼此相关。苏轼在这一类的诗作中力求语言简朴不失风韵，与前期创作中的豪放风格形成较为明显的区别。

五

"行遍天涯意未阑，将心到处遣人安"（《赠惠山僧惠表》）。苏轼生平素喜游历。由于多次遭遇外放，这种特殊的经历一方面使他感到苦闷和失望，同时也扩大了他的眼界和阅历，加上苏轼为人豪放开朗，热爱生活，热爱大自然，每到一地，总要登山游水，探幽访胜。黄州地处长江中游，著名的赤壁就位于江边，这里地势险要，风景奇异，历史上许多英雄人物都曾在此驻足。雄伟壮丽的江山和历史英雄人物交相辉映，成为游览胜地。苏轼在这里或攀崖登高，或泛舟江上，这期间他除了写下《念奴娇·赤壁怀古》这样的千古绝唱之外，还写出了前后《赤壁赋》这样的文赋名篇。

《前赤壁赋》沿用赋体主客问答、抑客伸主的传统手法，即景抒情，而作品中的写景，不仅仅是大自然客观景象的复制，而是倾注了作者强烈的主观感受。如作品中写景的一节："清风徐来，水波不兴。举酒属客，诵明月之诗，歌窈窕之章。少焉，月出于东山之上，徘徊于斗牛之间。白露横江，水光接天。纵一苇之所如，凌万顷之茫然。浩浩乎如冯虚御风，而不知其所止；飘飘乎如遗世独立，羽化而登仙。"这种澄清幽美的景物描写，展现了诗人怡然淡泊的心境，这浩渺空寂的虚幻之感又为下文的主客对答作了某种铺垫。这里客是借古叹今，表达了功业难成人生苦短的感慨。而主却以理驭情，以水月为喻，从而超越这种时空的界限保持一份通达乐观积极向上的人生态度。主、客两种不同的感受，其实正是苏轼自身思想上既互相对立、又互相统一的两个方面：一方面抒发了作者遭受贬谪的苦闷情怀；另一方面又显示了苏轼力求超脱这种苦闷、追求一种淡泊从容的境界，从而达成排遣内心失意的目的。通篇的感情基调，经历了由喜到悲再转悲为喜的过程，而写景和说理都与这种感情上的变化相结合，从而达到了景、情、理三者完美融合的程度。

如果说《前赤壁赋》描写的是"月明风清"的秋色，那么《后赤壁赋》着眼的就是"山高月小"的冬景了。前篇描绘出了一个宁静清旷的境界。借景喻理，表现了诗人通达开阔的襟怀；后一篇则着意渲染出一种寂寥幽峭的氛围，寄托了作者超尘绝俗的奇想。作品先是从商量如何游赤壁起。到登山、泛舟、记梦，一一道来，情景毕现，而写登山一节"予乃摄衣而上，履巉岩，披蒙茸，踞虎豹，登虬龙，攀栖鹘之危巢，俯冯夷之幽谷。"这里描写出的攀岩之艰难，不正是苏轼一生宦海沉浮、命运多舛的真实写照吗？全篇文情并茂、描摹逼真，很好地体现了苏轼"笔力曲折，无不尽意"（何苌《春满纪闻》）的文字功力。相对于前篇而言，本篇所描绘的意境，更为凄冷幽怆，这种幽寂的描写，或许反映了苏轼在现实生活中处境愈加艰难吧。

苏轼居黄期间，除了创作出诸如上文所提及的诗词文赋之外，还留下众多的杂说、札记和序跋，特别是一些形式短小而内容各异的笔记小品，具有较高的审美艺术价值。如在《记承天寺夜游》中写道："庭下如积水空明，水中藻荇交横，盖竹柏影也。"作者用传神简洁的文字，传达出一种别有韵味的生活情趣。

而在某些传记性的小品中，如写于谪居黄州第二年（1081）的《方山子传》里，作者借对自己好友陈慥"少时慕朱家、郭解为人，闾里之侠皆宗之。稍壮，折节读书，欲以此驰骋当世，然终不遇"，最后只能"独来穷山中"的人生际遇的描述，一方面抒发了对好友壮志未酬、怀才不遇的惋惜之情，另一方面不也委婉地表达出对自身身世的深沉感慨吗！

总之这一时期的小品札记，摆脱他早年某些政论、史论中纵横捭阖的文风，许多作品或叙述友情或抒写居黄时的处境心情或记人咏物，无不真情坦荡，感人肺腑，仪态万方。

纵观苏轼的生平经历、性格思想和创作成果，不难看出，由于

"乌台诗案"而被贬黄州，是苏轼人生中最为重大的转折。这一时期他除了为世人以及后人留下大量作品外，他的思想观、人生观也因这一次的流放而更加复杂和成熟。正所谓自古英才多磨难，苏轼这种身居逆境而不颓废沉沦，饱受苦难而豁达从容的人生态度，对我们这些享受着现代文明带来的各种物质成果、同时又不得不承受着巨大冲击的人们来说，毋庸置疑具备着重要的启迪和借鉴作用。

主要参考书目：

《苏轼选集》（刘乃昌编）
《苏轼文艺理论研究》（刘园珺著）
《苏轼论》（朱靖华著）
《苏轼》（莫砺锋、童强合著）

略论苏轼在黄州的文学创作

(提　纲)

苏轼在黄州共生活了四年多的时间，时间虽不很长，却创作了大量的作品。本文试图从其作品所反映的思想内涵以及作品的题材方面着手，简单地对作品加以分析。

苏轼是以流放官员的身份待罪黄州的，所以在这期间他的部分作品充满隐喻和寓意，代表作品有《卜算子·黄州定慧院寓居作》，另外在海棠、梅花这些草木身上也有所寄托。

苏轼一生受释道儒三家思想影响，遭贬期间他的一部分作品也流露出些许消极情绪，但总的来说是积极的，这方面代表性作品有《定风波·莫听穿林打叶声》和《浣溪沙·山下兰芽短浸溪》等。

第 1 页

（本科毕业论文"提纲"手稿）

安徽师范大学

汤增旭同学、伍481

　　论文初稿收阅。

　　能够把握苏轼在黄州这一特定时期的思想感情特点，既分析了苏轼在这一时期苦闷烦闷乃至消抵的情绪，又点明了他在这一时期思想主流是积极的。结合代表作品阐述了苏轼于黄州时期在诗、词、文等方面所取得的丰硕成果。

　　但一些分析（如对前后《赤壁赋》的分析）有关论著谈得比较多，希望修改时增加自己的感受。

　　注释应放在论文尾部。注意论文的分段。

　　修改后另写一个内容提要，内容提要比你目前的提纲应该更精炼一些。把内容提要和修改稿及时寄给我。请自留底稿。

　　　　　　　　顺祝

　　进步！

　　　　　　　　　　　张智华

　　　　　　　　　　　93.8.4

（张智华老师回信）

安徽师范大学

汤增旭

（海南岛）

1. 苏轼在黄州时期的心态 与他在雷州半岛时期的心态 哪些共同点？有哪些不同点？

2. 苏轼作品旷达的精神实质是什么？

（张智华老师提问手稿）

后　记

从小酷爱读书，可惜童年时代生活在乡下，物质和精神都匮乏得很，能寻觅到的图书少之又少。当年在安庆望江雷池小学念书的时候，同桌的爸妈是初中老师，她从家里带了几期《少年时代》《儿童文学》给我翻阅，简直是如获至宝，开心得不得了，至今犹自难忘。

整个青少年时期都在想方设法搜罗书籍，读得多了，于是偶尔也提笔模仿写作，语文成绩一直不错。老师曾经在课堂上朗诵我的作文，还断断续续地发表过几篇小豆腐干，给年少的我带来莫大喜悦。

1997年从江城芜湖来到合肥上班，供职于安徽佳通轮胎公司，至2000年春被公司派遣到两广地区从事轮胎销售，工作的波动周折，异乡的孤独惆怅，使得我颇为彷徨。好在闲暇时一直坚持读书，在5年的外派生涯中，阅读给了我很好的精神慰藉，让漂泊在中国南部的年轻人心智逐步成长、成熟。

2005年回合肥定居，随后又加入飞亚达公司，飞亚达有着浓郁的书香人文氛围，公司领导倡导读书学习，同事们积极进取，健康向上，令我如沐春风。娶妻生子之后，生活日趋稳定，阅读成了我日常最好的消遣。

由于家住合肥城东，离花冲公园很近，周末一般都是去花冲书市淘书（后搬迁至周谷堆），偶尔写写淘书笔记，记录淘书经过以及读书心得，总的来说读得多、写得少，有点述而不作的况味。

2020年初新冠疫情暴发，这期间全家人蜗居在巢北农村。虽然疫情对销售工作造成巨大的冲击，但困顿于乡下，每天的日常生活还是很简单。自打少年时代离乡外出求学谋生以来，再未像现在这样一次性在农村生活这么长的时间，身处生于斯、长于斯的故乡，各种感悟汹涌澎湃，前后撰写了十几篇关于巢北的文章，逐一刊登在昂云老师主编的"最忆是巢州"公众号上。昂老师微信里一再让我多动笔，多写一写，给了我莫大的鼓励。

2021年5月份，安徽省档案学会档案文化研究会成立，很荣幸忝列其中，和研究会的各位前辈老师多有接触，特别是会长刘政屏先生，对我耳提面命，多方提携，使我受益匪浅。

2022年已经接近尾声，回顾这即将过去的一年，真是感慨万端，可以说全年大部分时间都处在非常焦虑之中，每天心烦意乱，内心踌躇苦闷，很难安静下来看书写作。今年最主要的文字工作就是整理旧稿，挑选出四十余篇文章，汇聚成这本文集。虽内容单一凌乱，文字陋劣贫乏，对个人而言敝帚自珍，是我半生经历的真实写照。我的职业是钟表销售管理，离文字工作有很长的距离，这么多年能坚持阅读写作，从这个意义上来说也算是殊为不易。

余生漫长，总是要寻找有积极意义的事情去做。希望自己能克服惰性，少玩手机，多看书、多写作，沉淀下来，争取每年撰写十篇文史类的文章，积极探索阅读和写作的人生乐趣。

在这本小书即将付梓刊行之际，首先要感谢刘政屏、昂云两位老师百忙之中给我写序，倘若没有两位先生的帮助鼓励，这本书是没办法面世的。

感谢安徽师范大学出版社的各位编辑老师，人生的第一本书能在母校出版社出版，是我至高无上的荣光。

感谢妻子在家庭生活中支持我、体谅我，让我可以心无旁骛地做自己喜欢的事。感谢父母多年的养育之恩，二老操劳半生，衷心祝愿他们身体健康、安享晚年。感谢风云、风霞两位至亲妹妹，从小就资助我念书，到现在依然在经济方面帮扶我，是我生命中的贵人，我学生时代的第一套西服就是大妹凤云购买的。还要感谢义章、义之两个孩子，你们调皮又可爱，给家里带来无限的欢乐，让我深刻体会到做父亲的责任和担当，希望你们茁壮成长，将来能成为豁达乐观、对社会有用的人。

回首人生路，再次感恩安徽省档案学会文研会王晓源、张守福、章玉政、鲍雷、程堂义、荚敏、萧寒、朱群生、高拥军、高峰诸位老师的帮助，向傅承鹏三舅、张磊老哥、刘伯山老师、张靖华先生、刘东先生、飞亚达公司、佳通公司的领导同事，以及平日支持我工作的商业合作伙伴们一并致谢。

汤增旭　初稿写于 2022 年 12 月

修改于 2023 年 3 月 12 日